KB146997

프리한 10대 미디어 프리

주체적 삶과 비판적 사고를 위한
미디어 리터러시

프리한 10대 미디어 프리

ⓒ 강병철 2023

초판 1쇄	2023년 4월 5일
초판 3쇄	2024년 5월 27일

지은이	강병철	펴낸이	이정원
출판책임	박성규	펴낸곳	도서출판 들녘
편집주간	선우미정	등록일자	1987년 12월 12일
기획이사	이지윤	등록번호	10-156
편집	이동하·이수연·김혜민	주소	경기도 파주시 회동길 198
본문디자인	고유단	전화	031-955-7374 (대표)
디자인	하민우		031-955-7381 (편집)
마케팅	전병우	팩스	031-955-7393
경영지원	김은주·나수정	이메일	dulnyouk@dulnyouk.co.kr
제작관리	구법모		
물류관리	엄철용		

ISBN 979-11-5925-758-2 (03370)

※ 이 책은 방일영문화재단의 지원을 받아 저술·출판되었습니다.

인문
교양
041

프리한 10대 미디어 프리

주체적 삶과 비판적 사고를 위한 미디어 리터러시

강병철 지음

푸른들녘

우리 몸은 참 신기합니다. 공부를 하려고 책상 앞에 앉으면 한두 시간 버티기가 힘듭니다. 그런데 유튜브 영상을 보거나 인기 영화를 볼 때는 몇 시간도 거뜬하죠. 책을 읽을 때 초점이 흐릿해지던 눈도 웹툰을 볼 때면 초롱초롱 빛나고, 게임 화면 앞에서는 학교에서 단 한 번도 경험한 적이 없는 고도의 집중력을 발휘하기도 합니다.

이런 현상은 지극히 자연스러운 것으로 결코 여러분의 잘못이 아닙니다. 여기에는 우리의 감각을 지배하는 미디어의 힘이 작동하고 있습니다. 우리 같은 평범한 사람들이 미디어가 가진 강력한 힘을 극복해내기는 쉽지 않죠. 역사 속 위인들도 지금 같은 미디어 환경에 노출되었다면 정도의 차이는 있을지 모르지만 이를 완전히 이겨내기는 어려웠을 겁니다.

미디어와 함께 살아갈 수밖에 없는 인간들은 생각하고, 말하고, 행동하는 방식까지 모두 미디어의 영향을 받습니다. 신문과 TV에서 정보를 얻고 전화로 소통하는 세대와 유튜브에서 정보를 얻고 페이스북 메신저로 소통하는 세대는 생활하고 사고하는 방식도 서로 다를 수밖에 없습니다. 인터넷도, TV도, 신문도 없던 시절의 사람들은 더 말할 것도 없겠죠. 이런 점에서 미디어는 우리의 삶의 방식을 결정한다고도 할 수 있습니다.

한 사람의 삶의 방식에 영향을 미치는 요소들은 다양합니다. 가까이는 태어나고 자란 가정과 마을, 도시의 환경에서부터 더 큰 영역에서는 그 사람이 속한 민족의 역사와 정서, 그리고 국가의 법체계 등도 있습니다. 대부분 스스로 선택하거나 변경하기 어려운 것으로 태어나는 순간 저절로 얻게 된 조건들이죠.

그런데 이에 못지않게 우리 삶에 지대한 영향을 미치는 미디어는 어떨까요? 유튜브로 무슨 영상을 볼지, 오늘 저녁 친구와 어떤 영화를 볼지, 어떤 뉴스를 읽고 TV 프로그램을 볼지는 오로지 자신의 선택처럼 보입니다. 누가 강제로 시켜서가 아니라 우리의 취향대로 그저 재미있어 보이는 것이나 관심 있는 것을 찾아 여가를 즐기고 있다는 말이죠. 정말 그럴까요? 우리는 완전히 우리의 의지에 따라 미디어와 콘텐츠를 선택하여 소비하는 것일까요?

실은 그렇지 않습니다. 미디어는 우리가 생각하고 행동하는 삶의 방식을 우리도 모르게 결정하고 거기에 따르도록 만듭니다. 우리는 미디어가 부리는 마법에 홀려 생각지도 못한 사이 그 뜻에 순종하며 살아가고 있습니다. 미디어는 우리 삶을 자기 뜻대로 지배하는 폭군과 다름없어요. 다만 우리를 즐겁게 해주고 때로는 유익한 것처럼 보이기 때문에 우리 스스로 가장 가까운 곳에 모셔두고 있을 따름입니다.

이 책은 미디어라는 폭군이 우리를 어떤 방식으로 지배하고 있는지, 그리고 우리는 어떻게 해야 이를 슬기롭게 이겨내고 내 삶의 진정한 주인이 될 수 있는지를 이야기합니다.

다양한 매체를 이해하고 활용할 수 있는 능력을 '미디어 리터러시(media literacy)'라고 합니다. 미디어의 종류가 다양해지고 이용 시간이 폭발적으로 증가하면서 21세기 지식기반 사회를 사는 사람들에게 미디어 리터러시는 필수 능력이 되었습니다.

특히 단순히 미디어를 통해 콘텐츠를 소비하던 과거와 달리, 지금은 평범한 사람들이 미디어 콘텐츠의 생산과 유통에도 크게 이바지하고 있습니다. 이 때문에 디지털 시대를 살아가는 시민들이 갖춰야 할 기본 소양이라는 의미에서 미디어 리터러시를 '디지털 시민성'의 필수 요소라고 말하기도 합니다.

미디어를 이해하고 활용한다고 할 때 가장 중요한 것은 '비판적인 시각'을 유지하는 것입니다. 미디어가 우리에게 던져두는 것들을 넋 놓고 수용해버리면 이 폭군은 자기 뜻대로 우리의 삶을 몰아갑니다. 그때는 미디어를 이용하는 행위도 온전히 우리 의지에 따른 것이라 보기 어려워집니다. 견제받지 않는 권력은 부패하며, 부패한 권력은 시민들의 권리를 지켜주지 못합니다. 우리가 미디어라는 폭군을 곁에 둘 때 항상 비판적인 시각을 유지해야 하는 이유가 이것입니다.

이 책은 미디어에 대한 전반적인 이해와 활용 능력을 끌어올리면서, 특히 비판적 시각을 기르는 데 도움을 주도록 기획되었습니다. 이를 위해 미디어를 둘러싼 몇 가지 키워드, 곧 '소통-놀이-일상-진실-권리-권력-폭력'으로 장을 나누고, 각각 구체적인 사례를 통해 개별 미디어의 특징과 역사, 문제에 관해 설명하고자 하였습니다. 단순히 미디어 종류별로 장을 나누어 개론적 지식을 정리하는 방식보다 이편이 좀 더 흥미롭고 종합적 이해를 도모하는 데에도 유익하다고 보았기 때문입니다.

책의 순서는 독자들의 부담이 덜하도록 놀이와 일상 같은 가벼운 주제에서부터 시작해 언론의 보도와 가짜뉴스, 미디어를 둘러싼 법적 문제, 차별과 혐오 문제 등 점차 무거운 주제로 옮겨가도록 구성하였습니다. 미디어별 특징과 역사를 틈틈이 설명하고, 또 각 미디어를 둘러싸고 지금 현장에서 논의되고 있는 최신 이슈들을 다루는 것도 잊지 않으려 하였습니다.

시중에 나와 있는 기존의 미디어 리터러시 관련 서적들은 주로 뉴스 읽기와 가짜뉴스 문제 등에 편중되어 있습니다. 뉴스에 대한 올바른 이해가 미디어 리터러시 교육에서 중요한 부분이긴 하지만 그렇다고 전부일 수는 없습니다. 특히 다양한 미디어를 일상적으로 사용하는 청소년, 청년 세대에게 뉴스에 대한 올바른 이해만으로 미디어 리터러시를 이야기한다는 것은 지적 영양의 심각한 불균형이나 결핍을 초래하게 됩니다.

이 책이 다루는 미디어는 신문, 방송, 인터넷 뉴스, 광고, 영화, 게임, 동영상 플랫폼, SNS(소셜 네트워크 서비스), 인터넷 포털 등 우리가 일상적으로 사용하는 것들입니다. 이것들이 없는 생활은 이제 상상하기조차 힘듭니다. 가히 미디어는 우리 삶의 일부, 그것도 커다란 영역을 차지하고 있다고 고백하지 않을 길이 없습니다.

저는 독자들이 이 책을 읽고 우리의 삶을 규정하고 지배하는 미디어가 숨기고 있는 다양한 문제를 이해하고 이에 대한 비판적 사고를 더 발전시켜 나갈 수 있기를 기대합니다. 그리고 미디어가 우리에게 제시하는 삶의 방식이 아니라, 미디어를 활용해 내가 진짜 원하는 삶의 방식을 스스로 찾는 현명한 시민으로 거듭나기를 바랍니다.

저 역시 유튜브 알고리즘에 붙들려 저녁나절을 허덕이고, 책 읽고 글쓰기보다는 게임을 할 때 더욱 높은 집중력을 발휘하는 평범한 미디어 사용자일 뿐입니다. 다만 기자로서 10여 년을 지내며 미디어를 둘러싼 문제들을 몸소 느끼고, 또 틈틈이 공부하고 고민해왔다는 것을 얄팍한 명분으로 삼아 이렇게 또 뻔뻔하게 입바른 소리를 책으로 묶습니다.

소출 안 나는 글쓰기의 든든한 후원자이자 믿음직한 생활의 동지인 아내에게 열렬한 감사를 표합니다. 또 매번 보잘것없는 글을 신문사 데스크보다 더 꼼꼼하게 읽어주는 선우미정 주간과 들녘 식구들에게도 감사 말씀을 전합니다.

아내와 출판사와 독자, 그리고 나 자신에게 부끄러움 대신 당당함으로 충만한 글을 쓸 날을 다시 기약하며.

2023년 봄이 오는 길목에서
강병철

일러두기

※ 이 책은 방일영문화재단의 지원을 받아 저술·출판되었습니다.

프롤로그

소통

이런 상상을 해봅시다. 어떤 사람이 아무것도 없는 작은 방에 갇혀 있습니다. 한쪽 벽에는 작은 구멍이 있는데, 그 구멍을 통해 주기적으로 군만두가 들어오고 그 사람은 그걸 먹고 지냅니다. 군만두는 그 사람의 생명을 이어주는 단 하나의 음식인 동시에 세상과 차단된 그에게 제공되는 유일한 외부의 자극입니다. 이 사람은 군만두를 먹으며 맛을 평가하고 재료를 분석하며 때로는 군만두를 통해 갇힌 방 바깥의 세상을 상상하기도 할 것입니다.

그런데 옆방에도 사람이 갇혀 있습니다. 이 사람은 군만두가 아니라 샌드위치만 먹고 살아갑니다. 누군가는 '군만두보다 그나마 샌드위치가 건강에 좋지 않을까?'라고 생각할 수도 있습니다. 하지만 이 음식들이 외부에서 오는 유일한 자극이라는 점에서 문제는 건강 수준에만 국한되지 않습니다. 군만두만 먹는 사람과 샌드위치만 먹는 사람 사이에는 체형과 건강 상태는 물론, 생각하고 행동하는 방식, 세상을 이해하는 시각에도 큰 차이가 있을 것입니다.

이제 군만두와 샌드위치를 미디어라는 단어로 바꿔 다시 읽어봅시다. 전혀 어색하지 않죠? 음식은 몸을 키우지만 미디어는 사람의 생각을 키웁니다. 사람들은 새로운 지식과 정보를 얻어 교양을 갖추며 여가를 즐겁게 보내는 데 미디어를 활용합니다. 또미디어는 사람들을 더 넓은 외부세계와 연결해주는 소통 창구로도 기능합니다. 우리 모두 시간과 장소라는 물리적 한계를 가지고 살아가기에 모든 일을 체험하지는 못합니다. 하지만, 미디어 덕분에 직접 경험할 수 없는 바깥세상의 일들도 거의 실시간으로 알 수가 있습니다.

'사람은 책을 만들고 책은 사람을 만든다'라고 했던가요. 책도 미디어의 하나라는 점을 고려하면, 이 말은 이렇게 고칠 필요가 있습니다. '사람은 미디어를 만들고 미디어는 사람을 만든다.'

미디어(media)는 '매체'를 의미하는 라틴어 미디움(Midium)에서 기원했는데, 미디움의 복수형이 미디어입니다. 즉 미디어는 다양한 종류의 미디움(매체)을 통칭하는 표현이라 하겠습니다. 다만 우리말에서 '매체들'이라는 표현은 어색하므로 그냥 '매체'라는 번역어를 택한 것이죠.

국어사전에 매체는 '어떤 작용을 한쪽에서 다른 쪽으로 전달하는 물체, 또는 그런 수단'이라고 정의되어 있습니다. 여러분들이 생각하는 미디어의 뜻과는 다소 거리가 있죠? 우리는 미디어하면 곧바로 방송이나 신문 같은 걸 떠올리니까요. 이 사전적 정의는 무언가 서로를 연결해주는 '매개' 또는 '매개체'라는 단어의 뜻과 비슷합니다. 미디어는 사람과 사람을 연결하고 누군가의 사상과 감정을 다른 이들에게 전달하는 기능을 합니다. 사전에 담긴 매체의 뜻풀이는 '소통의 수단'으로서 미디어의 본질을 강조한 것이라 할 수 있죠.

각종 미디어를 공부하는 대학교의 전공 학과를 요즘은 '커뮤니케이션학과'라고 부르는 경우가 많습니다. 이 역시 소통 수단으로서 미디어의 기능을 강조한 것입니다. 신문방송학과, 언론정보학과, 광고홍보학과 등 예전부터 써왔던 특정 미디어 중심의 학과명보다 훨씬 본질적인 부분을 공부한다는 느낌을 주기도 하죠.

신문이나 TV, 영화, 라디오, 잡지처럼 여러분들이 흔히 생각하는 미디어는 따로 '매스미디어(mass media)'라고 부릅니다. 매스미디어는 '많은 사람에게 대량으로 정보와 사상을 전달하는 매체'를 뜻합니다. 매스미디어를 우리말로 옮긴 것이 여러분에게도 익숙한 대중매체라는 표현입니다.

그리고 정보통신 기술이 발전하면서 새롭게 등장한 미디어는 '뉴미디어(new media)'라고 따로 부르기도 합니다. SNS, 온라인 게임, 인터넷 포털, 유튜브 같은 동영상 플랫폼 등이 여기 속하죠. 21세기를 살아가는 우리가 흔히 말하는 미디어는 매스미디어와 뉴미디어를 묶은 것이라고 할 수 있습니다.

이 외에도 미디어는 우리가 평소 생각하는 것보다 훨씬 다양한 형태로 존재합니다. 여러분 책상 위에 놓인 책은 아주 오래전부터 인류와 역사를 함께해온 미디어입니다. 동네 주민센터 앞 공고 게시판도, 길을 가다 보게 되는 광고 전단지나 현수막도 마찬가지입니다. 역사를 거슬러 올라가다 맨 처음 만나는 문자언어와 음성언어, 곧 글과 말도 모두 미디어입니다. 선사시대 동굴벽에 그려진 그림도 마찬가지고요.

조금만 더 어려운 이야기를 해볼까요? 미디어에 관심이 많다면 마셜 매클루언(Herbert Marshall McLuhan, 1911~1980)이라는 이름을 한 번쯤 들어보았을 것입니다. 캐나다 출신의 미디어 이론가이자 문화비평가인 매클루언은 현대 미디어 연구에 지대한 영향을 미친 사람입니다. 그는 『미디어의 이해』(1964)에서 '미디어는 인간의 확장(extensions of man*)'이라고 썼습니다.

"의복은 피부의 연장이며, 바퀴는 발의 연장이고, 책은 눈의 연장이

> ● 인간을 human이 아니라 man으로 쓴 것은 시대적 한계 때문이라고 이해하도록 합시다.

며, 전기는 중추신경의 연장이다. 매체는 환경을 바꿈으로써 우리의 지각작용에 독특한 비율을 가져온다. 이런 비율이 변화되면 사람도 변화한다."

앞에서 미디어는 어떤 작용을 전달하는 수단이라고 했죠? 피부는 더위나 추위, 촉감 같은 외부의 자극을 우리 몸으로 전해줍니다. 발은 내가 이동하는 곳이 얼마나 먼지, 거리에 대한 감각을 알게 해주죠. 매클루언은 이런 인간의 감각을 확장해주는 의복이나 바퀴, 책, 전기 등도 미디어라고 했습니다. 그리고 이런 미디어의 발전이 사람들의 생각과 감정에도 큰 영향을 미친다고 봤죠.

짚신을 신고 걷거나 말을 탔던 조선 시대 사람과 KTX와 비행기를 이용할 수 있는 현대인들은 '여행'을 생각하는 방식이 완전히 다를 것입니다. 여행을 어디로 갈지, 얼마나 오랫동안 떠날지 등등 계획하는 규모 자체가 다르겠죠. TV나 인터넷도 마찬가지입니다. 이것들이 개발되고 보급된 이후 사람들의 생활과 사고방식은 그 이전 사람들과 완전히 달라졌습니다. 미디어가 인류의 삶을 완전히 바꿔놓고 전에 없던 새로운 세계를 창조한 것이죠.

매클루언은 '미디어는 메시지다'라는 유명한 말도 남겼습니다. 이 말은 미디어를 통해 사람들이 메시지를 주고받는다거나, 미디어의 종류에 따라서 같은 메시지라도 느낌이 다르다는 식의 단순

◀ 마셜 매클루언
〈출처: 위키피디아〉

한 뜻이 아닙니다. 이 말은 우리가 미디어를 이해할 때 주목해야 할 것은 미디어를 통해 주고받는 이런저런 메시지가 아니라, 미디어가 바꾼 인간과 사회의 변화 그 자체여야 한다는 것입니다.

예를 들면 TV의 메시지는 TV 프로그램이 소개하는 맛집 정보가 아니라, TV가 바꿔놓은 인간 삶의 방식 자체라는 말입니다. SNS가 발명된 이후 사람들의 소통 방식은 이전과 완전히 달라졌습니다. SNS로 주고받는 안부 인사가 아니라, 안부 인사를 언제 어디서나 주고받을 수 있는 새로운 세상이 열렸다는 것, 그것이 SNS라는 미디어의 메시지라고 할 수 있겠죠. 이런 점에서 미디어를 배운다는 것은 인간의 사고방식, 사회의 작동 방식을 공부하는 것과 같습니다.

그러면 이제 미디어가 인류의 삶을 어떻게 바꿔왔는지, 달리 말하면 인류에게 어떤 메시지를 주었는지 살펴보겠습니다.

미디어는 유구한 인류의 역사와 함께 명멸(明滅)했습니다. 명멸했다는 것은 새로운 미디어가 나타나 인류의 삶을 획기적으로 바꿔놓았다가 어느 순간에는 그 역할을 다하고 사라져버리기도 했다는 것입니다. 새로 출현한 미디어는 전에는 상상할 수 없던 세상을 사람들에게 열어주었지만, 인간은 또 그 안에서 한계를 찾아내고 이를 극복하며 한층 더 새로운 세상을 열어왔습니다. 미디어의 역사는 곧 이 같은 한계를 넘어서는 일련의 과정이라고 할 수 있습니다.

동물들이 그러하듯 먼 옛날 인류의 조상들에게도 의사소통이 필요했을 것입니다. 그때 가장 중요한 미디어는 '말'이었습니다. 말은 우리 몸을 활용한 가장 원초적인 미디어로서 지금도 여전히 일상적인 의사소통 수단으로 쓰이고 있죠. 조상들이 처음 사용했던 말은 비교적 단순했을 것입니다. 그러다 점차 복잡하고 추상적인 개념을 표현할 수 있는 방향으로 진화했을 테죠. 마치 갓난아이 때는 '엄마, 아빠, 맘마' 정도로 한정되어 있던 어휘량이 성장할수록 풍부해지는 것처럼 말입니다.

하지만 말이라는 미디어는 아무리 진화를 거듭해도 도저히 극복할 수 없는 뚜렷한 한계를 지닙니다. 말은 발화(發話)되는 순간, 즉 입으로 내뱉는 순간 사라져버리기에 '지금 여기'에서의 의사소통만 가능하다는 점입니다. 지금 뱉은 말을 내일은커녕 단 1분 뒤에도 다시 들을 수 없습니다. 아무리 목청이 큰 사람이라고 해도 자기가 하는 말을 산 너머까지 보낼 재주는 없습니다.

그러다 인류는 이런 시간적 공간적 한계를 뛰어넘는 새로운 미디어를 만들어냈습니다. 바로 '문자'입니다. 문자는 이전과는 완전히 다른 사고와 행동 방식을 인류에게 전파합니다.

눈으로 보고 읽는 시각 기호 체계인 문자를 활용하면 음성이 닿지 않는 먼 장소에 있는 사람들, 그리고 동시대를 살지 않은 먼 미래의 후손들에게까지 정보와 사상, 감정 등을 전달할 수 있습니다. 역사가들이 '문자혁명'이라 평가하는 것처럼 문자의 발명은 어마어마한 변화를 인류에게 가져다주었습니다. 원시 인류의 목소리를 들을 방법은 없지만 지금도 박물관에 가면 수천 년 전 사람들이 남긴 문자는 볼 수 있습니다. 물론 지금은 아무도 해독할 수 없는 문자들도 많지만요.

지금까지 알려진 인류 최초의 문자는 메소포타미아 지역에서 발견된 설형문자(楔形文字, cuneiform)입니다. 점토판 위에 뾰족하게 깎은 나무나 갈대로 눌러서 기록한 것으로, 그 모양이 쐐기와 닮았다고 해서 '쐐기문자'라고도 부릅니다. 학자들은 메소포타미아 사람들이 기원전 3300년경부터 이 문자를 썼을 것으로 추정합니다.

　문자는 각 문명에서 다양한 형태로 생겨나 발전했지만 한 가지 공통점이 있습니다. 말과 달리 문자는 읽고 쓸 수 있는 사람이 한정되어 있었다는 점입니다. 고대 사회에서 문자를 사용할 수 있는 사람들은 사제나 서기, 상인 정도였습니다. 심지어 왕이나 귀족들도 직접 문자를 읽고 쓰지 않고 대신에 문서 기록과 관리를 서기에게 맡겨두었다고 합니다. 당시에 문자를 읽고 쓸 줄 안다는 것은 곧 권력을 의미했죠.

　우리나라의 문맹률(글을 읽거나 쓸 줄 모르는 사람의 비율)은 1% 이하입니다. 일본어 사용을 강요받았던 일제강점기가 끝난 1945년의 문맹률은 78%였습니다. 이 수치가 꾸준히 줄어들어 1966년 1%를 기록한 이후로는 사실상 통계로서 의미가 없는 수준이죠.

　참고로 2013년 미국 CIA의 월드팩트북 자료에 따르면 인류 4대 문명 중 하나인 이집트문명을 꽃피웠던 이집트는 인구의 약 26%, 역시 4대 문명인 인더스문명의 주역 인도는 약 37%가 문맹이라고 합니다. 문맹률 최상위권인 아프가니스탄에서는 70%가

▲ 독일 마인츠 광장에 서 있는 구텐베르그의 동상(ⓒ강병철)

넘는 사람들이 문자를 읽고 쓸 줄 모릅니다.

그런데 2017년에 충격적인 조사 결과가 하나 나왔습니다. 경제협력개발기구(OECD)가 성인들의 실질문맹률을 조사했는데 우리나라가 75%에 달하는 것으로 나타난 겁니다. 다들 문자를 읽고 쓸 수는 있지만 그것을 읽고 나서도 무슨 말인지 모르는 경우가 많다는 뜻이지요. 이런 통계를 보면 현대 사회에서도 문자를 '제대로' 읽고 쓴다는 것은 여전히 일종의 권력이라 할 수 있겠습니다.

사용자들이 한정되어 있던 문자 미디어의 활용이 극적 변화를 겪는 것은 종이를 만드는 제지기술에 이어 인쇄기술이 발전하면서입니다. 그전까지 책은 귀중품이었습니다. 부피가 크고 무거웠던 나무, 비싼 비단이나 동물 가죽 등으로 책을 만들던 시대는 물론이고, 종이가 발명된 후에도 한참 동안 책은 사람이 직접 한 줄 한 줄 필사(筆寫)를 해서 만들어야 했으니 값어치가 클 수밖에 없었죠.

예를 들어 15세기에 필사본 성경 한 권은 작은 농장 하나와 맞먹는 가격이었다고 합니다. 그러다 요하네스 구텐베르크가 1440년대에 서양 최초로 금속활자 기술을 발명하면서 대량 인쇄가 가능해졌고 이후 성경 가격은 10분의 1로 떨어집니다. 구텐베르크 이전에는 1권의 책을 필사할 때 약 2개월이 걸렸지만, 이후에는 1주일에 500권의 책이 쏟아져 나왔죠.

대표적인 인쇄 대중매체인 신문은 17세기 초 독일에서 처음 만들어집니다. 1609년 최초의 주간지인 《렐라치온(Relation)》이 만들어졌고 1650년에는 일간지 《아인콤멘데 차이퉁(Einkommende Zeitung)》이 탄생했습니다. 우리나라에서는 1883년 나라에서 펴낸 《한성순보(漢城旬報)》를 최초의 근대 신문으로 봅니다. 또 1896년에는 최초의 민간 신문이자 순한글 신문인 《독립신문》이 발행되었죠.

　현재 우리나라에서 발행되는 신문은 몇 종이나 될까요? 한국언론진흥재단이 펴낸 '2020 한국언론연감'을 보면 일간지가 231종, 주간지가 1,219종에 이릅니다. 뉴스를 전달하는 미디어가 다양해지면서 인쇄매체의 영향력은 예전만 못하지만, 그래도 여전히 많은 사람이 다양한 신문을 만들고 또 읽고 있는 것입니다.

인쇄매체는 지식의 대중화 시대를 열었습니다. 특정 지배계급이 아니라 평범한 시민들을 대상으로 일상적으로 정보를 전달하고 의견을 유통하는 시스템이 만들어진 것이죠. 그러나 인쇄매체에도 치명적인 결점이 있습니다. 인쇄된 정보를 직접 구입하거나 누군가 문 앞까지 전달해줘야 한다는 것입니다. 도로와 철도가 아무리 발전해도 인쇄매체의 이런 근본적인 문제는 해결되지 않았습니다.

그런데 전파매체는 다릅니다. 전파매체의 발명은 이런 한계를 극복하고 인류에게 새로운 세상을 열어주었죠. 전파매체는 문자나 음성을 전기신호로 바꾸어 먼 곳으로 보낸 뒤 다시 문자나 음성으로 되바꾸는 방식으로 작동합니다. 전기는 발이 없지만 튼튼

한 네 발을 가진 말은 물론이고 그 어떤 교통수단보다도 빠르게 먼 곳에다 정보를 전달해줄 수 있죠.

전기를 이용한 통신, 즉 전신을 최초로 보낸 사람은 1844년 미국의 새뮤얼 핀리 브리즈 모스였습니다. 짧은 신호(dit, 돈)와 긴 신호(dah, 쯔)를 섞어 문자를 표현한 모스 부호를 만든 바로 그 사람입니다.

그리고 1876년에는 미국의 알렉산더 그레이엄 벨이 음성을 전기신호로 바꾸는 기계인 전화기에 대한 특허를 최초로 받았습니다. 사실 전화기는 1854년 이탈리아의 안토니오 무치라는 사람을 비롯해 여러 명의 발명가가 비슷한 시기에 고안해냈습니다. 단지 특허 등록을 벨이 가장 빨리한 것이죠. 무치는 당시에 돈이 없어서 특허 등록은 물론 특허 소송도 제대로 진행하지 못했다고 합니다. 약 150년이 지난 2002년 미국 하원 의회는 무치를 전화 발명가로 공식 인정합니다.

우리나라에는 1882년에 처음 전화기가 소개되었습니다. 우리 조상들은 당시 전화를 덕률풍(德律風), 다리퐁(풍)이라고 불렀습니다. 영어단어 텔레폰(telephone)을 나름의 방식으로 표현한 것입니다. 파발마나 인편으로 편지를 주고받는 것이 전부였던 조상들에게 전화가 준 충격은 어마어마했을 것입니다. 수십 리 밖에 있는 사람의 목소리가 전선을 타고 넘어오다니! 전화기에 대고 절을 했다는 조상들의 이야기가 그냥 우스갯소리는 아닐 겁니다.

▲ 1956년 개국 당시 TV 수상기〈출처: 국가기록원〉

▲ 1956년 개국 당시 TV 장면〈출처: 국가기록원〉

전신이나 전화에도 한계는 있습니다. 바로 '선'이죠. 유선통신은 거미줄처럼 깔린 통신망이 필수이기에 결국 미리 선을 깔아두지 않은 곳에는 닿을 방법이 없습니다. 드넓은 지역에 사람들이 띄엄띄엄 살고 있다면 유선통신도 신문 배달만큼이나 비효율적일 수밖에 없습니다. 이 때문에 지금도 도시화 수준과 인구밀도가 낮은 아프리카 지역 등에서는 유선통신보다 무선통신 보급률이 훨씬 높은 경우가 많습니다. 마을에 전화선은 깔려있지 않지만 사람들은 휴대전화로 통화를 하는 것이죠.

거미줄 전선이 아니라 공중으로 전파를 주고받는 무선통신은 전화기보다 약간 늦은 시기에 출현합니다. 벨이 특허를 등록한 시점부터 따지자면 고작 20년 뒤죠. 19세기에 통신 기술이 빠른 속도로 발전하면서 새로운 미디어가 출현하기까지 걸린 시간도 대폭 짧아진 것입니다.

굴리엘모 마르코니가 무선통신에 성공하고 특허를 얻어낸 것이 1896년, 그리고 1920년에는 세계 최초의 라디오 상업방송국인 미국 KDKA가 방송 전파를 송출합니다. 우리나라에는 일제강점기인 1927년에 최초의 라디오방송국인 경성방송국(JODK)이 세워져 방송을 시작했습니다.

전파를 이용해 음성뿐 아니라 영상정보까지 송수신하는 기술이 발전하면서 텔레비전(TV) 방송도 등장합니다. 영국 BBC가 1936년에 처음으로 정규방송을 시작했고, 우리나라는 1956년 5월

▲ 2013년 르완다 키갈리에서 열린 아프리카 혁신 정상회의(TAS) 행사장에 마련된 정보통신 업체들의 홍보 부스(ⓒ강병철)

개국한 대한방송이 최초의 방송국으로 기록되어 있습니다. 대한방송은 하루에 2시간씩 뉴스 보도, 교양 및 연예 프로그램 등을 내보냈지만 적자를 거듭하다 5년 만에 문을 닫았습니다. 텔레비전 기기 보급이 저조한 탓에 광고 수입이 적어 제작비와 운영비 등을 감당할 수 없었던 것이죠.

인류의 삶은 인터넷과 스마트폰이 출현하면서 또 한 차례 대대적인 변화를 겪습니다. 인터넷은 1969년 미국 국방부가 국방 관런 기관들의 정보를 공유하기 위해 만든 아르파넷(ARPANET)을 모태로 하여 전 세계 컴퓨터 네트워크를 이어주었습니다. 인류가 오랫동안 고민해온 의사소통에서의 시간과 공간의 제약을 인터넷은 드라마틱하게 줄여버렸죠. 그리고 스마트폰이 책상 위에 있던 컴퓨터를 손바닥 안으로 옮겨놓으면서 사람들은 언제 어디서나 손쉽게, 그리고 다양한 방식으로 의사소통을 할 수 있게 되었습니다.

아울러 인터넷과 스마트폰의 발전은 '미디어 홍수의 시대'를 열었습니다. 21세기에는 짧은 시간 동안 수많은 미디어가 나타났다 사라졌습니다. 블로그, 카카오톡, 페이스북, 유튜브, 인스타그램, 최근의 유행하는 메타버스 플랫폼까지가 전부 2000년 이후에 등장한 것들입니다.

그런데 분명한 것은 지금의 이 홍수가 끝이 아니라는 점입니다. 새로운 미디어는 당대의 사람들에게 획기적 삶의 변화를 가져다주며 군림했지만 얼마 뒤에는 새로운 물결에 밀려 신종 미디어에 왕좌를 내어주곤 했습니다. 권력 무상이랄까요. 지금 우리가 말하는 미디어의 홍수도 수십 년 뒤에 돌아보면 연못 위의 작은 파문에 불과할지도 모릅니다.

그럼 앞으로는 어떤 미디어가 나타날까요? 여러분이 한번 상상해보세요. 미디어는 인간의 확장이라고 했으니 우리의 신체와 감각, 의식 등을 여러 방향으로 확장하다 보면 새로운 형태의 미디어를 상상해낼 수 있을지도 모릅니다. 그런 톡톡 튀는 상상력 가운데 인류의 삶을 혁명적으로 바꿀 실마리가 숨어 있을 수도 있습니다.

복잡한 속세를 멀리하고 단출하고도 경건한 삶을 살아가는 사람들이 있습니다. 산중에서 수도하는 승려나 외부와 차단된 수도원에서 신앙생활을 하는 수사, 수녀들이 그렇습니다. 이들에게는 미디어가 전혀 쓸모가 없을까요? 그렇지 않습니다. 사회관계를 완전히 끊고 동굴 속에서 혼자 살아가는 극단적인 자연인이 아니라면 미디어의 사용은 불가피합니다. 다만 이용하는 미디어의 종류나 이용 방식, 빈도 등이 다를 뿐이죠.

사회적 동물인 인간에게 미디어는 선택이 아니라 필수입니다. 미디어는 기본적인 의사소통뿐 아니라 우리가 공동체의 한 구성원으로서 인간다운 삶을 살아갈 수 있도록 도와줍니다. 미디어가 대체 어떤 기능을 하는지, 여기서는 먼저 미국의 커뮤니케이션

학자인 해럴드 라스웰의 설명을 살펴보도록 하겠습니다.

첫 번째는 환경감시 기능입니다. 어떤 원시 부족이 마을을 이루어 살고 있습니다. 주민들이 안전하고 편안하게 생활하도록 마을을 유지하기 위해서는 다양한 정보가 필요하죠. 다른 부족이나 위험한 동물이 주변에 없는지, 사냥감은 어디에 많은지, 또는 주민들이 최근 겪고 있는 어려움은 무엇인지…. 여기서 미디어는 우리 사회에서 일어나는 일들을 추적하고 감시하면서 유용한 정보를 알려주고, 만약 위험한 요소가 있다면 사전에 경고하는 일을 합니다. 일종의 파수꾼 역할인 셈이죠.

두 번째는 상관조정 기능입니다. 미디어의 역할은 정보를 수집·제공하는 것으로 끝나지 않습니다. 수집한 정보가 어떤 의미인지 해석해주고, 사회가 마련해야 할 적절한 대응책을 제시하기도 합니다. 마을 주변에 위험한 동물이 있으니 경비를 강화해야 한다거나, 마을의 규칙이 불합리하여 고통을 겪는 주민들이 많으니 이를 바꿔야 한다는 식의 정책 제안, 여론 형성 활동이 여기 해당합니다.

세 번째는 문화전수 기능입니다. 이 기능은 다른 말로 사회화라고도 합니다. 미디어는 어떤 사회가 구축한 지식과 경험, 가치관, 규범 등을 한 세대에서 다음 세대로 전달하는 역할을 합니다. 학교는 어엿한 시민으로 성장할 때 필요한 지식과 규범을 전수합니다. 그뿐만 아니라 무엇이 옳은지 그른지, 나아가 어떤 행동이 가치 있는 것인지 가르치죠. 미디어는 '학교 이후의 학교'로서 구성원들에게 이러한 교육을 계속해나가면서 사회 응집력을 키우는 기능을 합니다.

사회학자 찰스 라이트는 라스웰이 정리한 3대 기능에 오락 기능을 추가했습니다. 사람은 공부와 일만 하고는 살아갈 수 없습니다. 때로는 여유로운 시간을 보내며 지친 몸과 마음을 추슬러야만 다시 학업과 노동에 쏟을 에너지를 회복할 수 있습니다. 현대 사회를 살아가는 사람들에게 미디어만큼 큰 즐거움을 주는 도구가 어디 있을까요? 아무런 약속도 없는 주말 저녁, 스마트폰이나 TV마저 곁에 없다면 그날 저녁은 아주 길고도 끔찍한 시간이 될 것입니다.

마지막으로 동원 기능이 있습니다. 영국의 언론학자 데니스 맥퀘일이 추가한 것으로 미디어가 가진 캠페인 기능을 말합니다. 캠페인 활동은 특정 사안에 대해 많은 이들의 관심을 불러일으키고 나아가 지지와 참여를 끌어내는 것이 목표입니다. 예를 들어 '학교폭력 멈춰!' 캠페인이 큰 지지를 얻고 여기 동참하는 학생들이 많아진다면 학교폭력 감소라는 긍정적 효과를 거둘 수 있겠죠. 하지만 동원이 꼭 좋은 방향으로만 작동하는 것은 아닙니다. 특정 집단에 대한 폭력, 차별, 편견을 확산시키는 선전선동 역시 원리는 공익적 캠페인과 비슷합니다.

삶의 전부가 된 미디어

미디어가 현대인의 일상에 필수 불가결한 요소라고 한다면, 대체 우리는 얼마나 많은 시간 동안 미디어를 이용하고 있을까요? 몇 가지 통계를 살펴보면 미디어가 우리 삶에 밀착되어 있다는 사실을 분명하게 알 수 있습니다. 여러분들이 실제로 미디어를 이용하는 시간과 아래의 통계를 비교해보는 것도 재미있겠네요.

통계청은 5년에 한 번씩 '생활시간조사'를 실시합니다. 국민들이 하루 24시간을 어떻게 보내는지를 조사하여 보고서로 정리한 것이죠. 가장 최근에 실시된 2019년 조사에 따르면 조사 대상인 10세 이상의 우리나라 국민은 우선 하루에 수면과 식사, 생리적 활동 등을 위한 '필수시간'으로 11시간 34분을 씁니다. 공부와 회사 일, 가사노동, 이동 시간 같은 '의무시간'으로는 7시간 38분을 매일 사용하죠.

　하루 24시간에서 필수시간과 의무시간을 뺀 나머지 시간이 우리가 자유롭게 쓸 수 있는 '여가시간'입니다. 10세 이상 대한민국 국민의 평균 여가시간은 하루 4시간 47분으로 나타났습니다. 그리고 우리나라 사람들은 이 소중하고도 소중한 여가시간 중 절반이 조금 넘는 2시간 26분을 바로 미디어를 이용하며 보내는 것으로 조사되었습니다.

　2시간 26분이라는 수치는 일주일 평균입니다. 평일보다 여가시간이 많은 토요일에는 미디어 이용 시간이 2시간 56분, 일요일에는 3시간 16분까지 늘어납니다.

　또 여가시간 중 나머지는 친구와 만나거나 모임에 참석하는 데 59분, 운동하는 데에 30분, 여행이나 문화 활동 등에 53분을 쓰는 것으로 나타났습니다. 여기서 주의 깊게 볼 지점은 약속이나 모임, 운동, 여행은 모두 집밖에서 이뤄지는 활동이란 점입니다. 즉 우리나라 사람들은 외출하지 않고 집 안에서 보내는 여가시간은 사실상 모조리 미디어 이용으로 보내고 있다는 말이죠. 게다가 이 통계가 분류한 외부 문화 활동에는 영화 감상 같은 미디어 이용도 포함돼 있습니다. 이것까지 따진다면 여가시간 중 미디어 이용 시간의 비율은 한층 더 늘어나겠지요?

　참고로 일요일을 기준으로 할 때 우리나라 사람들은 영상 보기와 음악 듣기 등에 2시간 51분, 독서나 뉴스 읽기에 13분, 인터넷

필수시간 11시간 34분	의무시간 7시간 38분	여가시간 4시간 47분
수면 8시간 12분	일 3시간 13분	미디어 이용 2시간 26분
식사 및 간식 1시간 55분	가사노동 1시간 56분	교제 및 모임 59분
기타 개인유지 1시간 27분	학습 54분	스포츠 활동 30분

▲ 2019년 국민 생활시간조사 자료〈출처: 통계청〉

검색 등에 12분을 쓰는 것으로 나타났습니다.

이 생활시간조사는 10세 이상 국민의 평균이기 때문에 실상은 직업이나 나이에 따라 편차가 크다는 점을 잊지 말아야 합니다. 미디어 이용에 가장 적극적이라고 할 수 있는 청소년, 청년들은 사실 이보다 훨씬 더 많은 시간을 미디어와 함께 보냅니다.

한국언론진흥재단의 '2019 청소년 미디어 조사'를 보면 우리나라 초·중·고등학생들의 하루 평균 총 미디어 이용 시간은 무려 362.5분(6시간 2분 30초)에 달합니다. 수면시간과 수업 시간을 빼면 깨어있는 시간 대부분을 미디어와 함께 보내고 있다는 뜻입니다. 아니, 수업 시간에 몰래 스마트폰을 사용하는 학생들도 수두룩하니 실제 이용 시간은 이보다 더 길지도 모릅니다.

362.5분 가운데 절반 이상인 197.8분이 모바일 인터넷 이용 시간입니다. 청소년들에게 스마트폰의 영향력은 절대적이라는 이

야기죠. 그 외에 PC를 통한 인터넷 이용이 69.4분, TV 시청이 85.9분, 라디오 청취가 7.2분 등이었습니다.

이 조사를 보면 지금 우리나라 청소년들에게 미디어는 생활 그 자체라고 해도 과언이 아닙니다. 그러니 미디어를 모른다는 것은 내 시간을 내가 쓰면서도 스스로가 무엇을 하며 하루를 보내는지 실체를 자각하지 못한다는 것과 같습니다. 결국 미디어라는 녀석이 나의 삶을 내가 모르는 방식으로 끌어가고 있는데 아무런 저항조차 하지 못한다, 그런 뜻입니다.

미디어 리터러시는 이런 폭군 같은 미디어의 지배를 거부하는 '자유선언'과 같습니다. 미디어의 노예가 아니라 주체적인 미디어 이용자로서 삶을 살아가는 첫걸음이라고 할 수 있죠. 이제 본격적으로 현대의 미디어가 어떻게 우리를 지배하고 있는지, 그리고 우리는 이를 어떻게 이겨내야 하는지 살펴보도록 할까요?

진실은 균형잡힌 감각과 시각으로만 인식될 수 있다. 균형은 새의 두
날개처럼 좌와 우의 날개가 같은 기능을 다할 때의 상태이다._리영희

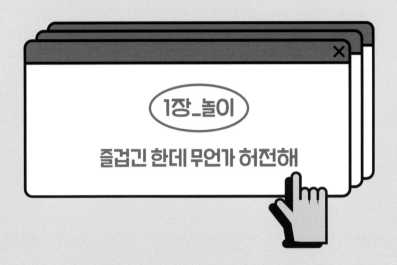

1장_놀이

즐겁긴 한데 무언가 허전해

컬러TV 없이 K컬처도 없다

'나는 우리나라가 세계에서 가장 아름다운 나라가 되기를 원한다. 가장 부강한 나라가 되기를 원하는 것은 아니다… 오직 한없이 가지고 싶은 것은 높은 문화의 힘이다. 문화의 힘은 우리 자신을 행복하게 하고 나아가서 남에게 행복을 주겠기 때문이다.' (김구, 〈나의 소원〉 중)

임시정부 주석을 지낸 독립운동가 백범 김구(1876~1949) 선생은 새로 건설될 조국이 '문화강국'이 되길 원한다고 말했습니다. 물론 백범 선생께서 말한 문화는 아주 넓은 의미를 지니지만, 현재 대한민국은 적어도 '문화 콘텐츠'의 영역에서만큼은 그 옛날 선생께서 꿈꾸었던 강국이 된 것이 분명해 보입니다.

▲ 대한민국 정부가 해외 한국문화원에서 운영하는 'K팝 아카데미'에서 배운 안무 실력을 뽐내는 캐나다의 한류 팬들〈출처: 해외문화홍보원〉

주요 영화상을 휩쓴 봉준호 감독의 〈기생충〉 같은 영화나 〈오징어 게임〉처럼 전 세계 시청자들을 홀린 드라마, BTS(방탄소년단)를 위시한 세계적인 아이돌 등 K컬처는 다양한 분야에서 다른 언어권의 수많은 사람에게 즐거움을 주고 있습니다. 바야흐로 21세기는 K컬처의 전성시대처럼 보입니다.

전 세계인에게 이토록 큰 즐거움을 주는 K컬처는 어떻게 탄생할 수 있었을까요? 한국인의 뛰어난 문화적 감수성과 문화기획자들의 특출난 창의력, 발전된 문화산업 시스템, 정부의 적극적인 지원 등 다양한 이유가 있겠죠.

여기서는 이 책의 주제인 미디어에 주목하고자 합니다. 대한민국의 문화력을 폭발시킨 원인은 한둘이 아니겠지만 무엇보다 미디어 환경이 이를 받쳐주지 못했다면 지금 K컬처의 인기는 실현 불가능한 꿈이었을 것입니다. K컬처의 실체가 다름 아닌 '대중문화' 콘텐츠이기 때문입니다.

대중문화(Popular culture)는 특정 사회 계층뿐 아니라 일반 대중들이 쉽게 즐길 수 있는 문화를 뜻합니다. 흔히 대중문화의 반대말로 '순수예술' 또는 '고급문화'를 듭니다. 순수예술 혹은 고급문화란 오직 예술성을 창작의 목표로 하는 것으로 작품을 즐기려면 어느 정도 지식과 교양을 갖춰야 하는 것을 말합니다. 이 분야는 창작자의 개성이 중시되고 제한된 사람들 사이에서만 주로 유통됩니다. 갤러리에 전시된 미술작품들이 대표적이죠.

반면 대중문화는 최대한 많은 사람에게 즐거움을 주는 것이 중요한 목표입니다. 그것이 곧 콘텐츠의 가치와 영향력을 좌우하거든요. 그래서 대중문화가 발전하기 위해서는 콘텐츠를 한꺼번에 많은 사람에게 전달할 수 있는 수단이 마련되어야 합니다. 바로 TV 같은 대중매체죠. 대중문화를 '매스컬처(Mass culture)'라고 달리 부르는 것도 둘 사이 관계를 잘 말해줍니다.

우리나라의 대중문화 산업이 1990년대 폭발적으로 성장한 것도 미디어의 발전과 무관하지 않습니다. 우리나라 컬러TV 방송은 1980년에 처음 시작되었습니다. 쿠데타로 정권을 잡은 신군부는 사람들의 마음을 돌리기 위한 선심성 정책을 많이 펼쳤는데 컬러TV 방송도 그중 하나였습니다. 그전까지 박정희 대통령 시절에는, 컬러TV를 사치품으로 보고 방송을 허가하지 않았거든요. 기술 수준은 이미 충분했는데도 말이죠.

첫 컬러TV 방송은 당시 대통령이던 전두환이 참석한 수출의 날 기념식이었습니다. 그날 방송에 앞서 정부 관계자들이 가장 신경 썼던 부분은 대통령의 양복 색깔이었다고 합니다. 국민들에게 천연색으로 처음 모습을 보이는 날이니 좋은 이미지를 보여주고 싶었을 것입니다. 정권의 성격과는 전혀 무관하게 말이죠.

컬러TV 방송은 초기에는 하루 4시간씩만 내보내는 시험 방송 형식이었다가 차차 전면화됩니다. 그러다가 1986년 서울아시안게임, 2년 뒤인 1988년 서울올림픽이 차례로 열리면서 컬러TV가 널리 보급되었고, 이어 1990년에는 상업 민영방송인 SBS가, 1996년에는 케이블TV와 지역 민영방송까지 차례로 개국합니다.

다매체 다채널의 시대가 열리면서 방송국들은 전보다 더 많은 볼거리가 필요하게 되었죠. 이런 배경에 힘입어 1990년대에 한국 대중문화는 빠른 속도로 발전합니다. 특히 국내뿐 아니라 가까운 중국을 시작으로 우리나라 드라마와 가수들이 주목을 받으며 잇달아 해외 진출에 성공하죠. 급기야 2000년을 즈음해 우리나라 대중문화 콘텐츠의 해외 열풍을 뜻하는 특별한 표현까지 퍼지기 시작합니다. 지금은 아시아뿐 아니라 유럽, 중동, 아프리카, 거기다 전 세계 대중문화 최대 강국인 미국에서도 널리 쓰이는 '한류 (韓流)'라는 단어 말입니다.

한류는 영어권에서 Korean wave로 번역되다가 2021년에는 우리말 발음 그대로인 'hallyu'로 옥스포드 영어사전에 등재됩니다. 한류가 강력한 여러 나라 대학교에는 한류 관련 대중문화 강의가 개설되어 우리나라의 언어와 역사, 문화를 알리는 데 큰 역할을 하고 있습니다. 백범 선생께서도 깜짝 놀랄 것 같은 이런 멋진 상황은 단언컨대 미디어의 발전이 없었다면 불가능했습니다.

물론 대중매체가 발전하기 전에도 대중문화는 존재했습니다. 예를 들면 영화도 TV도 없던 20세기 초 식민지 조선에서 가장 인기 있던 대중문화 콘텐츠는 신파극이라고 불렸던 연극이었습니다. 유명한 연극배우나 작가들은 당시에 상당한 인기를 누렸지만, 지금의 한류 스타들과는 당연히 비교하기 힘듭니다.

여러분들이 좋아하는 영화나 드라마, 노래 등을 떠올려보세요. 만약 미디어가 없었다면 우리는 그런 콘텐츠들을 접하고 익숙해지고 또 즐거움을 느낄 기회를 얻기가 쉽지 않았을 것입니다. 이런 점에서 미디어는 우리의 삶을 윤택하게 만들어주는 고마운 도구라 할 수 있죠.

그런데 한 가지 잊지 말아야 사실이 있습니다. 미디어에서 자주, 또 쉽게 접할 수 있다고 그것이 좋은 콘텐츠일까요? 반드시 그런 것은 아닙니다. 어떤 영화는 미디어를 통해 대대적인 홍보를 하고도 혹평을 받고 흥행에 실패하며, 반대로 어떤 인디밴드 가수들은 TV에 출연하지 않고 라이브 공연만으로 팬층을 넓혀가며 사랑받는 일도 있습니다.

무엇보다 '좋다'는 것의 기준이 무엇일까요? 적어도 콘텐츠의 영역에서는 사람마다 그 기준이 다릅니다. 그런데도 우리에게는 사실 내가 정말로 좋아하는 콘텐츠가 무엇인지 자각할 기회가 한정되어 있습니다.

미디어는 모든 사람의 취향을 하나하나 생각해줄 정도로 친절하지 않습니다. 자기들이 보여주는 것이 좋은 것이니 안심하고 즐기라고 끊임없이 강조합니다. 가요 순위 프로그램, 시청률, 관객 동원수, 판매량 같은 수치를 앞세워 '이건 꼭 봐야 해!'라고 우리의 등을 떠밀죠. 이걸 놓치면 시류에 뒤처지는 건가, 하는 생각이 들 정도로 몰아붙입니다. 폭력적인 걸 싫어하는 사람도, 내가 좋아하지 않는 감독의 작품이라도 '안 보면 안 될 것 같은' 분위기 때문에 소비하게 되지요.

우리는 미디어의 발전 덕에 대중문화 전성시대에 살고 있지만, 그 틀 안에서 한 걸음만 벗어나 생각해보면 그 전성시대에는 이처럼 즐거움 못지않은 불편함과 불쾌함도 가득합니다. 미디어라는 폭군이 곁에 있는 이상 우리는, 본인의 취향과 무관하게 기계적으로 콘텐츠를 소비해야 하는 노예 처지를 벗어날 수 없으니 말입니다.

사극을 보면 선비들이 술자리에서 즉흥적으로 한시를 지어 서로 필력을 겨루는 장면이 종종 나옵니다. 시를 지어 함께 음미하고 상대에게 선물하는 것은 그 옛날 선비들의 놀이이자 사교 활동이 었습니다. 지금 우리가 코인노래방에서 좋아하는 노래를 부르고, 또 친구에게 불러주는 모습과도 비슷하죠.

이렇게 한문으로 쓰인 우리 고전문학이나 중국 한문학 작품을 공부할 때 반드시 알아야 할 요소로 '전거(典據)'라는 것이 있습 니다. 국어사전에는 '말이나 문장의 근거가 되는 문헌상의 출처' 라고 정의가 되어 있는데요, 작품을 쓸 때 빌려다 넣은 옛날이야 기나 유명한 사람들의 글귀 등을 말합니다.

예를 들어 어떤 힙합 가수가 자신의 랩 가사에다 '사랑 사랑 사랑 내 사랑이야~' 같은 구절을 넣었다면 별다른 설명이 없어도 대부분 한국인은 이것이 〈춘향전〉 '사랑가'에서 빌려온 구절임을 눈치챕니다. 옛날 선비들에게는 전거를 얼마나 자유자재로 활용하느냐가 글쓰기의 내공을 가늠하는 한 가지 척도였습니다.

지금 고전문학을 연구하는 학자들은 옛 선비들이 남긴 작품을 분석할 때 전거를 찾아내느라 엄청난 고생을 합니다. 또 안타깝게도 아무리 많은 옛날 자료를 다 뒤져본다고 해도 그 시절 선비들끼리 공유했던 문화적 배경을 온전히 복원하여 이해하기는 어렵습니다.

선비들의 우아한 시문뿐 아니라 지금 우리가 미디어를 통해 보고 즐기는 각종 콘텐츠에도 전거와 비슷한 것들이 존재합니다. 1990년대 선풍적인 인기를 끌었던 만화 〈드래곤볼〉이나 〈슬램덩크〉의 명장면들은 요즘 웹툰이나 애니메이션에서도 종종 패러디되곤 합니다. 이 작품들을 보고 자란 세대가 이제는 콘텐츠 생산자의 역할을 하게 되면서 자신의 추억 속 작품들을 전거처럼 활용하는 것이죠.

나와 같은 취미를 가진 친구를 만나면 반가운 마음이 듭니다. 척하면 척, 구구절절한 설명이 없이도 어떤 분야의 지식과 경험을 공유한 사람들끼리는 금세 마음이 통하면서 동질감을 느낍니다. 우리가 미디어를 통해 소비하는 콘텐츠도 마찬가지입니다. 어떤 콘텐츠를 보고 자랐느냐는 한 세대를 관통하는 공통의 기억으로 작용하며, 그런 기억이 때로는 새로운 콘텐츠 속에 녹아들어 다음 세대에 전수되기도 합니다. 마치 우리 몸속에 있는 유전자처럼 말입니다.

영국의 진화생물학자 리처드 도킨스는 세계적인 베스트셀러 『이기적 유전자』(1976)에서 '문화적 유전자(밈, meme)'라는 개념을 제시했습니다. 생물학적 유전자(gene)가 생물 개체의 정보를 담아 다음 세대로 전달하는 것처럼, 밈은 문화를 전달하는 역할을 합니다. 생물학적 유전자가 복제를 통해 전달되는 것과 같이 밈은 모방을 통해 전파됩니다. 전거라는 것도 이런 밈의 하나라고 할 수 있겠습니다.

미디어는 밈을 만들고 전파하는 데에도 큰 역할을 합니다. 옛날 선비들과 달리 현대인들이 비슷한 지식이나 경험을 공유하고 전파하는 방식에는 정규 교육 외에 미디어가 압도적인 영향을 미칩니다.

이 글을 쓰고 있던 2022년 상반기에는 '포켓몬 열풍'이 뜨거웠습니다. 초등학생 아이들이 포켓몬 카드 수집에 열을 올리는가 싶더니, 곧 30~40대까지 나서서 포켓몬 '띠부실'(떼었다 붙일 수 있는 스티커)을 모으겠다며 편의점마다 포켓몬 빵을 쓸어가는 현상이 벌어졌죠. 포켓몬 캐릭터를 그려 넣은 문구류와 패션 아이템은 물론이고 심지어 '포켓몬 김'처럼 언뜻 이질적으로 보이는 컬래버레이션(collaboration) 제품들도 쏟아졌습니다.

▲ 2022년 대한민국을 강타했던 포켓몬 카드(ⓒ강병철)

　지금의 30~40대는 학창 시절 TV에서 방영하던 포켓몬스터 애니메이션과 학교 매점에서 사 먹던 포켓몬 빵에 대한 공통의 기억을 가진 세대입니다. 유전자처럼 새겨진 학창 시절의 추억이 20~30년이 지나고서 사람들의 수집욕을 새삼 자극한 것이죠. 이 포켓몬 열풍도 미디어가 없었다면 불가능한 사회 현상일 것입니다.

문화적 유전자라는 단어가 어색한 사람들도 '인터넷 밈'이라는 단어는 많이 들어보았을 것입니다. 인터넷 공간에서 네티즌들이 놀이 삼아 모방하고 퍼뜨리는 이미지나 짧은 영상, 유행어, 인물 또는 캐릭터, 해시태그, 특정 동작 등을 말하는데요. 네티즌들은 인터넷 밈을 다양한 모습으로 변형시키며 새로운 밈을 만들어내기도 합니다.

　통상적으로 인터넷 밈은 오래전 선비들의 전거는 물론이고 이전 세대가 공유하는 각종 문화 콘텐츠에 관한 추억들과는 차원이 다를 정도로 향유 기간이 짧습니다. 제법 유통기한이 긴 것들도 없진 않지만, 오늘 유행하는 인터넷 밈 대부분은 얼마 지나지 않아 구닥다리가 되어버리죠. 10대들의 언어라며 인터넷에 떠도는 신조어들은 기성세대가 그 말뜻을 배우기가 무섭게 금세 폐기되어 '관짝'으로 들어가버립니다.

　인터넷 밈도 같은 시대, 같은 공간을 살아가는 사람들이 공유하고 모방하는 요소라는 점에서 문화적 유전자의 기능이 있는 게 분명합니다. 그러나 너무 빨리 사라지고, 극히 제한된 사람들 사이에서만 공유되는 밈은 문화적 유전자로서의 가치가 그렇게 크다고 보기 어렵습니다. 몇몇 사람만 쓰다가 당장 며칠 뒤면 잊히는 인터넷 밈들이 다음 세대까지 전수되고 먼 훗날에 새로운 콘텐츠로 재탄생하여 우리에게 즐거움을 줄 가능성은 크지 않은 것이죠.

최신 유행하는 인터넷 밈들을 줄줄이 꿰고 자유자재로 사용하는 것은 그 자체로 즐거운 놀이가 될 수는 있습니다. 그런데 시시각각으로 변하는 최신 트렌드를 따라가기 고통스럽다면, 그 순간 멈춰버리면 그만입니다. 무엇으로 내 시간을 보내고 나의 추억을 채워갈지는, 오로지 나의 선택이니까요.

'많은 사람의 사랑을 받으며, 멋진 연기와 노래로 감동을 주고, 거기다 돈까지 많은 버는 직업.'

우리가 흔히 생각하는 연예인의 모습입니다. 이런 편견 때문인지 초등학생에게 장래 희망을 묻는 설문조사에서는 연예인이 늘 상위권을 차지합니다. 유튜브와 SNS가 널리 퍼진 뒤로는 유튜버나 크리에이터가 그 자리를 대신하기 시작했죠. 미디어 환경이 바뀌고 연예인 못지않게 소위 인플루언서(Influencer)가 선망의 대상이 되면서 나타난 현상입니다.

연예인은 기본적으로 기예(技藝)를 갈고닦은 전문가입니다. 보통 특출난 외모를 연예인의 기본 조건이라고 생각하지만 예쁘고 잘생긴 것만으로 오랫동안 대중의 관심과 사랑을 받는 경우는 드뭅니다. BTS가 외모만으로 세계적인 가수가 되었다고 생각하는 사람은 많지 않을 것입니다. 송강호와 최민식, 김혜수처럼 오랜 기간 스크린에서 주연급으로 활약해온 배우들도 마찬가지죠.

한때 기성세대들은 연예인을 '딴따라'라는 말로 비하했습니다. 그보다 더 이전 세대에서는 '풍각쟁이'라는 표현도 썼죠. TV 같은 대중매체가 없던 시절에 전국을 돌아다니며 공연하는 유랑단 소속 연예인들을 깎아내리며 썼던 표현들입니다. 하지만 요즘 정상급 연예인들은 '아티스트(artist)', 즉 예술가로 대우받기도 합니다. 직업인으로서 전문성을 널리 인정받고 이를 바탕으로 일반인들은 꿈도 못 꿀 경제적 수입까지 올리면서 연예인의 사회적 위상도 자연스럽게 높아진 것입니다.

평범한 사람들이 살면서 연예인을 직접 만나 시간을 보낼 기회를 얻기는 쉽지 않죠. 사인회나 팬 미팅, 콘서트, 시사회처럼 제한적이고도 특별한 경험 정도가 가능할 뿐입니다. 연예인 뺨치는 인플루언서가 아닌 이상 특정 연예인이 나의 존재를 알 리도 없습니다. 그런데도 그들은 우리에게 참 친근하게 느껴집니다. 어디서 보았더라? 네, 미디어를 통해 보았습니다. 우리가 여가시간에 TV나 스마트폰, 영화 스크린 등을 마주할 때 그 시간의 대부분을 채워주는 사람들이 바로 연예인입니다.

영화와 드라마, 각종 가요 프로그램, 생활 정보 프로그램, 심지어 광고까지 대다수 대중문화 콘텐츠는 연예인 없이는 만들 수 없습니다. 연예인을 출연시키지 않고 만들 수 있는 것이라고는 애니메이션과 웹툰, 아니면 동식물이 등장하는 다큐멘터리 정도가 고작이겠죠. 이런 콘텐츠만 제작된다면 어떨까요? 상상만 해도 끔찍한 세상입니다. 가수와 배우, 코미디언, MC 같은 직업인들이 있기에 미디어의 세계는 지금처럼 즐거움으로 가득할 수 있는 것입니다.

그런데 우리가 잊지 말아야 할 중요한 사실이 하나 있습니다. 미디어 속 연예인은 현실인 동시에 현실이 아니라는 점입니다. 이게 대체 무슨 말인지, 어렵죠?

연예인들이 대중매체 속에서 재현한 모습은 사실 현실 세계에는 존재하지 않습니다. 화려한 무대 위에서 힘차게 노래를 부르는 아이돌 가수, 드라마 장면 속 로맨틱한 배우의 모습은 실체가 아니라 창작 작업의 결과물로 만들어진 환상적인 이미지일 뿐입니다.

흔히 영화는 편집의 예술이라고 합니다. 영화제작자들은 편집 기술을 통해 세상에 없는 환상을 만들어내고 사람들은 여기에 자신의 욕망을 투사하며 열광합니다. 다른 미디어도 다르지 않습니다. 연예인들은 작가나 감독, 연출자의 의도에 따라 편집된 미디어의 세계 안에서 우리에게 즐거운 환상을 심어주고 있는 거죠. 그런 점에서 연예인은 현실이 아닙니다.

그러나 더욱 중요한 사실은 연예인도 본질은 우리와 같은 인격

분야	없음	-1000만 원	1000-3000만 원	3000-5000만 원	5000-만 원	평균수입
대중음악	15.0%	49.1%	23.3%	6.0%	6.6%	1298만 원
방송연예	28.1%	19.5%	26.7%	9.6%	16.0%	2065만 원
영화	24.9%	28.9%	27.9%	14.2%	4.1%	1510만 원

▲ 2018년 예술인 실태조사 예술활동 수입〈출처: 문화체육관광부〉

체라는 점입니다. 저는 문화부 기자 생활을 하며 몇몇 가수와 배우 등을 만나 인터뷰할 기회를 얻은 적이 있었는데요. 그럴 때마다 이들도 다른 사람들과 비슷한 고민을 하며 삶의 무게에 따라 웃고 우는 직업인이라는 걸 느낄 수 있었습니다. 미디어를 통해 인격체 위에 덧씌워진 환상 때문에 우리는 종종 연예인도 우리와 같은 사람이라는 사실을 망각하곤 합니다. 그럴 때 안타깝게도 폭력적인 상황이 벌어집니다. 때로는 극단적 선택 같은 불행한 사건도 발생하죠.

모든 연예인이 화려한 삶을 사는 것도 아닙니다. 2018년 문화체육관광부의 '예술인 실태조사' 자료를 보면 연예인이란 직업의 인간적인(?) 면모가 드러납니다.

이 통계에 따르면 대중음악 분야에서 활동하는 예술인들의 평균 연봉은 1,298만 원입니다. 대중음악 분야 예술인들의 93%는 1년에 5,000만 원도 채 벌지 못합니다. 방송연예 분야에서 활동하는 사람들은 1년에 평균 2,065만 원을 법니다. 대중음악 분야보다는 조금 낮지만 이쪽도 84%는 연봉 5,000만 원이 안 됩니다.

'세상에서 제일 쓸데없는 걱정이 연예인 걱정'이라고는 하지만 어마어마한 인기와 부를 함께 누리는 연예인은 극소수뿐인 것이 현실입니다.

유튜브를 켜면 나도 모르게 시간이 훌쩍 지나가버립니다. 짧은 영상을 몇 개 봤을 뿐인데 문득 정신을 차려보면 이미 내 인생에서 몇 시간이 삭제된 뒤죠. 유튜브는 도저히 이겨낼 수 없는 지독한 시간 도둑처럼 보입니다.

유튜브로 대표되는 동영상 플랫폼은 이용자들을 더 오랜 시간 플랫폼에 붙들어 둘수록 돈을 더 많이 버는 구조입니다. 왜냐고요? 플랫폼에 오래 머물수록 이용자들은 더 많은 광고를 보아야 하는데, 유튜브는 거기에서 수익을 올리거든요. 인기 많은 콘텐츠는 영상이 재생되기 전과 끝난 후는 물론이고 재생 도중에도 수시로 광고가 뜹니다.

만일 광고를 보고 싶지 않다면? 네, 월 1만 원 정도 요금을 내는 프리미엄 서비스를 이용할 수도 있습니다. 결국 돈을 내고 내 시간을 아끼느냐, 아니면 돈을 아끼는 대신 내 시간을 광고를 위해 내어주느냐 양자택일을 해야 하는 구조인 셈입니다.

유튜브는 최대한 많은 사람을, 오랜 시간 동안 플랫폼에 잡아두기 위한 효과적인 장치를 하나 만들어 두었습니다. '알고리즘'이라는 덫이 바로 그것입니다. 우리는 그 덫에 발목을 잡혀 우리도 모르는 사이 내 소중한 시간을 유튜브 주인장의 수익을 창출하는 데 내어주고 있는 셈이죠.

알고리즘은 나의 관심사가 무엇인지를 기가 막히게 분석하여 내가 좋아할 수밖에 없는 영상들을 끊임없이 제공해줍니다. 아이돌 가수를 좋아하는 이용자에게는 인기 많은 아이돌의 무대 영상을, 액션 영화 마니아에게는 온갖 종류의 액션 영화 콘텐츠를 추천하죠. 일본 여행을 준비하고 있다면 유튜브 알고리즘은 기가 막히게 그것을 알고 일본 곳곳의 볼거리와 먹거리 관련 콘텐츠를 추천해줍니다. 흥미로운 영상이 끝도 없이 올라오니 웬만큼 강한 의지가 아니고서는 그 고리를 칼로 무 자르듯 끊어내지 못합니다.

알고리즘을 통한 맞춤형 콘텐츠 추천은 유튜브를 비롯한 동영상 플랫폼뿐 아니라 콘텐츠를 서비스하는 다른 대부분의 플랫폼에도 쓰입니다. 넷플릭스 같은 OTT* 서비스도 알고리즘을 활용해 이용자가 좋아할 만한 영화나 드라마를 추천합니다. 법정 드라마를 좋아해서 〈이상한 변호사 우영우〉를 보았다면 다음 날 '고객님의 취향', '찜하신 콘텐츠와 비슷한 콘텐츠'라면서 비슷한 종류의 드라마들이 쭉 뜨잖아요. 여러분도 다 경험해보셨을 겁니다. 뉴스도 다르지 않습니다. 예를 들어 네이버는 'AiRS(에어스, AI Recommender System)'라는 이름의 인공지능 기반 추천 시스템을 통해 이용자들에게 맞춤형 뉴스를 제공합니다.

알고리즘은 편리하다는 장점이 있습니다. 직접 찾아 헤매지 않아도 취향 저격 콘텐츠를 자동으로 추천받을 수 있으니 어떤 면에서 이용자는 시간과 노력을 아낄 수 있습니다.

유튜브에는 1분에 500시간 분량의 영상이 업로드된다고 합니다. 하루 동안 올라온 영상을 다 보려면 잠을 안 잔다고 가정해도 80년이 넘게 걸립니다. 물론 그중에 잠을 생략해가며 볼 만한 영상은 지극히 일부이겠지만요. 이렇듯 흥미도, 재미도, 의미도 없

OTT(Over The Top): 인터넷을 기반으로 영상 콘텐츠를 제공하는 서비스를 말합니다. 전파를 통해 방송국에서 편성한 순서에 따라 프로그램을 송출하는 기존의 지상파TV와 달리, OTT는 이용자들이 원하는 콘텐츠를 원하는 시간에 골라 볼 수 있습니다. 넷플릭스, 디즈니+, 티빙, 왓챠, 애플TV 등이 바로 OTT입니다.

는 콘텐츠의 홍수 속에서 알고리즘은 내가 원하는 보물들만 속속 건져 올려 내 앞에 가져다줍니다. 그러니 이용자 만족도가 커지고 자연스럽게 이용 시간도 늘어날 수밖에 없죠.

그러나 알고리즘에는 문제점도 많습니다. 제가 먼저 꼽고 싶은 것은 중독성입니다. 플랫폼은 알고리즘을 통해 더 오랜 시간 동안 자사의 서비스를 이용할 '충성 이용자'를 만들고자 합니다. 여기서 충성이란 말은 사실 '중독'과 종이 한 장 차이입니다. 알고리즘의 덫에 걸린 이용자가 일상생활을 망치고 건강까지 해치면서 플랫폼에 충성한다면 그때는 중독이라고 불러야 하겠죠.

다음은 편향성입니다. 시사 콘텐츠를 본다고 가정해볼까요? 알고리즘은 내가 본 몇몇 콘텐츠를 근거로 나의 이념 성향을 손쉽게 보수 또는 진보로 진단해버립니다. 그리고 한쪽 입장의 콘텐츠를 계속 추천하죠. 비슷한 주장이 반복되는 콘텐츠만을 소비하다 보면 사람들은 균형감을 잃고 편견을 키우게 됩니다. 알고리즘은 그 편견을 깨뜨릴 반대 논리를 다룬 콘텐츠 따위는 추천하지 않습니다. 이런 현상을 '필터 버블(filter bubble)'이라고 합니다. 이미 필터를 거치며 추려진 정보만 접하면서 편견이 거품처럼 커지게 된다는 의미입니다.

극단성도 심각한 문제입니다. 2020년에 《국민일보》 소속 이슈&탐사팀은 재미있는 실험을 하나 합니다. 취재팀은 가상 인물인 김진보 씨와 김보수 씨의 유튜브 계정을 개설한 뒤, 첫 검색어로 각각 '노무현'과 '박근혜'를 입력했습니다. 이후에 알고리즘이 추천한 상위 영상을 하루 1시간씩 시청하면서 알고리즘이 날마다 어떤 영상을 추천하는지 분석했습니다.

알고리즘은 김진보 씨에게 첫째 날에는 진보 성향 시사 콘텐츠 5개, 예능 프로그램 등 정치와 무관한 중립 콘텐츠 15개를 추천했습니다. 그런데 점차 진보 콘텐츠 추천량을 늘리더니 1주일 뒤에는 진보 콘텐츠 14개, 중립 콘텐츠 6개를 추천했습니다. 김보수 씨에게는 1주일째에 중립 콘텐츠는 1개, 그리고 보수 콘텐츠는 무려 19개를 추천했습니다. 노무현, 박근혜에서 시작된 필터 버블이 두 가상 인물을 극단의 세계로 몰아넣은 것입니다.

유튜브는 물론 그 어떤 플랫폼 기업도 자사의 알고리즘이 작동하는 정확한 구조를 공개하지는 않습니다. 알고리즘이 어떻게 사람들의 취향을 꼭 집어내고 이로써 그들의 시간을 앗아가는지는 핵심 영업 비밀에 속하기 때문이죠. 다만 분명한 것은 알고리즘은 우리가 남긴 흔적을 단서로 작동한다는 것입니다.

이 점에 착안하여 알고리즘의 지배를 끊어낼 수 있는 작은 실천 방법들이 있습니다. 우선 인터넷을 사용할 때 우리가 남긴 발자국을 깨끗하게 지우는 것입니다. 크롬 브라우저를 사용한다면 'Ctrl+Shift+Del' 키를 눌러 빠르게 인터넷 사용기록을 모두 삭제할 수 있습니다. 익스플로러 브라우저는 메뉴 막대의 도구-인터넷 옵션-일반에서 '검색 기록' 부분에 삭제 버튼이 있습니다.

▲ 크롬 인터넷 브라우저에서 검색 기록을 삭제하는 모습. Ctrl+Shift+Del 키를 누르면 한 번에 이 화면으로 들어온다.

유튜브 알고리즘을 주기적으로 초기화하는 것도 좋은 방법입니다. 유튜브 화면 오른쪽 위에 있는 프로필 버튼을 누른 뒤 설정-기록 및 개인정보 보호 탭에서 '시청 기록 지우기'와 '검색 기록 삭제'를 눌러보세요. 내 유튜브 메인 화면이 완전히 달라져 있을 것입니다.

그리고 무엇보다 알고리즘의 지배를 벗어나기 위해 가장 중요한 실천은 내가 주체적으로 콘텐츠를 소비하려는 자세입니다. 한가하다고 무작정 유튜브를 켜고 이리저리 헤매다가 알고리즘의 덪에 걸리기보다는, 내가 어떤 콘텐츠를 얼마나 볼지 미리 정하고 스스로 원하는 콘텐츠를 찾는 습관을 들여보세요.

이렇게 해서 조금이라도 내 의지와 무관하게 알고리즘에 뺏기는 시간을 줄일 수 있다면 대성공입니다. 우리는 알고리즘이 이끄는 대로가 아니라, 우리가 진정 원하는 대로 우리의 소중한 여가를 보낼 권리가 있습니다.

저는 게임을 좋아합니다. 어릴 때는 오락실*을 자주 들락거렸고 대학 시절에는 친구들과 PC방에서 종종 밤을 새웠죠. 많은 시간을 쏟을 수는 없지만 지금도 여전히 게임을 합니다. 주로 책을 읽거나 글을 쓰다가 졸음이 밀려올 때 그러는데요. 졸음과 싸우는

청소년 독자들을 고려하면 아무래도 주석이 필요할 것 같네요. 동전을 넣어 작동시키는 게임기를 모아놓은 공간으로, 1980~90년대에는 동네마다 한두 곳씩 있을 정도로 성행했습니다. 플레이 시간이 길지 않은 아케이드 게임이나 대전 액션 게임이 주로 설치되어 있었고요. 2000년대부터 PC방이 널리 퍼지면서 오락실은 사라지기 시작했고 지금은 대도시 번화가나 테마파크 등지에만 남아 있습니다.

데 게임만 한 즉효약이 없습니다.

가끔 그런 생각을 합니다. '내가 어릴 때부터 게임에 썼던 시간을 다른 데 쏟았다면 어땠을까? 예컨대 외국어 공부를 했다면 2~3개 외국어쯤은 익히지 않았을까?'

하지만 이런 생각은 제2외국어는커녕 영어조차 약한 이의 망상일 뿐, 저는 게임으로 보낸 시간을 크게 후회하지는 않습니다. 그 모든 시간에 게임 대신 외국어 공부를 해야 했다면? 아아, 그런 팍팍한 삶을 어떻게 견딜 수 있을까요.

미디어가 인류의 삶을 바꿨다는 명제는 게임이라는 미디어에도 당연히 적용됩니다. 출퇴근길 버스나 지하철에서는 세대와 성별을 불문하고 많은 이들이 스마트폰으로 게임을 즐기는 모습을 볼 수 있습니다. 친구들은 삼삼오오 PC방에 모여 함께 게임을 하죠. 또 유명 프로게이머는 연예인 못지않은 인기와 부를 누리고, NC소프트, 넥슨 같은 게임 회사들은 시가총액 상위권에 이름이 올라가 있습니다.

현대 사회에서 게임은 일상의 빈틈을 채우는 놀이이자, 대표적 친목 도모 활동이며, 대중적인 엔터테인먼트 분야인 동시에 거대한 산업입니다. 이전 세대가 라디오를 듣고 TV를 보며 울고 웃었듯, 지금은 게임이 일상이 된 시대입니다. 남녀노소가 게임을 즐기는 것은 이제 지극히 자연스러운 모습이죠.

게임은 특히 10대 청소년들의 또래 문화에 절대적인 영향을 미칩니다. 한국언론진흥재단은 2017년 미디어 교육을 담당하는 교사와 강사 418명에게 각 미디어가 학생들의 생각이나 문화에 얼마나 큰 영향을 미치는지 물었습니다. 조사 결과 가장 높은 점수를 받은 미디어가 바로 게임이었습니다. 2위는 유튜브, 3위는 TV 오락물이었죠. 참고로 뉴스는 최하위권에 머물렀습니다. 현직 기자로서는 안타까운 현실입니다.

　게임은 시각과 청각을 두루 자극합니다. 조작 과정에서 판단력과 신체 반응 속도도 중요하게 작용하죠. 게임을 잘하려면 이해력과 응용력뿐 아니라 전략적 사고력도 뛰어나야 합니다. 또 생산자가 만든 것을 수동적으로 소비하는 다른 대부분 콘텐츠와 달리 게임은 내가 주인공이 되어 나만의 내러티브를 만들어갑니다. 한마디로 내가 게임의 또 다른 주인공이 되는 거죠.

　이런 특성들이 사람들을 게임에 빠지게 만드는 게 아닐까요? 아무리 좋아하는 영화라도 수십 번을 반복해 보는 것은 어렵지만 어떤 게임은 수백, 수천 번도 거뜬히 반복할 수 있습니다. 같은 게임이라도 이용자의 능력·실력과 선택, 팀 또는 상대방 조합에 따라 다른 결과가 나오기 때문에 게이머들은 원하는 결과, 더 좋은 결과를 얻을 때까지 '한 판만 더!'를 외치곤 하는 것입니다.

　게임의 긍정적 효과를 강조하는 사람들은 이런 성취감과 자부심에 주목합니다. 무엇을 이룬다는 경험은 도전과 노력을 전제로 하며, 성취 경험이 쌓이면 자신의 가치와 능력에 대한 믿음도 강

아곤(Agon)	경쟁
미미크리(Mimicry)	역할
일링크스(Ilinx)	현기증(스릴)
알레아(Alea)	행운

▲ 놀이의 4대 요소〈출처: 로제 카유아, 『놀이와 인간』〉

해집니다. 이런 자세가 게임을 넘어 학습이나 업무 같은 실생활에도 적용된다면 개인의 성장에 큰 도움이 될 것입니다. 실제로 많은 교육용 게임들이 이런 특성을 활용합니다.

좀 더 어려운 얘기를 해볼까요? 프랑스의 사회학자 로제 카유아는 『놀이와 인간』(1958)에서 놀이의 4대 요소를 아곤(Agon), 미미크리(Mimicry), 일링크스(Ilinx), 알레아(Alea)로 정리했습니다.

'아곤'은 경쟁을 의미합니다. 인간의 놀이는 기본적으로 승패나 우열의 요소를 담아내어 경쟁에서 우위를 차지하면서 성취감을 느끼도록 만듭니다. 바둑부터 보드게임, 컴퓨터 게임이 모두 다 그렇습니다.

'미미크리'는 역할이란 의미입니다. 사람들은 실제 생활에서 할 수 없는 일들을 놀이에서는 일종의 가면을 쓰고 수행합니다. 소꿉놀이에서 엄마 아빠가 되어보고, 온라인 게임에서 검사나 마법사 역할을 하는 것이 바로 미미크리입니다.

'일링크스'는 현기증이라고 번역하는데요, 놀이할 때 느끼는 기분 좋은 공포를 의미합니다. 롤러코스터를 탈 때나 게임을 할 때 느끼는 아슬아슬한 스릴감 같은 것이죠.

'알레아'는 행운, 곧 놀이가 가지는 랜덤 요소를 의미합니다. 주사위 던지기나 윷놀이가 주는 재미가 바로 알레아입니다. 이 요소가 너무 강하면 게임은 도박이 되고 맙니다. 확률형 아이템 상자(이른바 '가챠')의 구매를 과도하게 유도하는 일부 온라인·모바일 게임처럼 말이죠.

카유아가 놀이의 4대 요소를 정리하던 시절에는 컴퓨터 게임이란 것이 없었습니다. 그런데도 이 이론은 지금 우리가 하는 비디오 게임, PC 및 모바일 게임의 속성에도 대체로 들어맞습니다. 게임도 오랜 옛날부터 인간이 해온 다른 놀이와 비슷한 특성을 공유하고 있으며, 우리가 게임을 재미있게 느끼는 것은 지극히 자연스러운 인간의 본성 때문이란 것이죠.

그러나 게임은 여전히 부정적 이미지가 강한 것도 사실입니다. 특히 어린 자녀들이 게임에 빠져 있으면 부모님의 걱정은 이만저만이 아닙니다. 실제로 많은 사람이 게임에 과몰입하면서 시간과 돈을 헛되이 쓰고 공부와 회사 업무를 망치곤 합니다.

최초의 비디오 게임은 1958년 초기 형태 컴퓨터에 연결된 오실로스코프에*서 작동하던 〈테니스 포 투(tennis for two)〉로 기록되어 있습니다. 본격적인 게임의 대중화는 1970년대부터죠. 1978년 일본에서는 전설적인 슈팅 게임 〈스페이스 인베이더(space

invaders)〉가 출시되었습니다. 지금 보면 단순한 게임이지만 당시
에는 그야말로 절정의 인기를 구가했고, 각종 사회적 문제까지
일으키면서 게임 중독을 걱정하는 여론이 들끓었죠. 심지어 영국
에서는 이 게임을 금지하는 법안이 발의되기도 했습니다. 이렇듯
게임은 인류사에 등장한 초기부터 대중의 사랑과 비난을 동시에
받았습니다.

우리나라는 e스포츠 강국이자 종주국으로서 세계적으로 유명
한 프로게이머들이 많습니다. 그리고 미국과 중국, 일본에 이어
세계 시장 점유율 6.9%(2020년 기준)를 확보한 세계 4위의 게임산
업 강국이기도 합니다.

그렇지만 우리나라에서도 역시 게임을 바라보는 시선이 곱지
만은 않습니다. 한때는 게임 과몰입이 사회적 문제로 떠오르면서
청소년들의 야간 게임 접속을 금지하는 '셧다운(shutdown)제도'가
10년 가까이 실시되기도 했죠.

다른 모든 미디어와 마찬가지로 게임은 우리의 삶을 즐겁게 만
들어주지만, 역시나 정도가 지나쳐 중독에 이른다면 우리의 삶을
망쳐버릴 수 있습니다. 게임 세계 속 삶은 현실보다 훨씬 재미있

오실로스코프(Oscilloscope): 시간에 따른 전압의 변화를 시각적
으로 보여주는 전자 계측 장비. 환자의 심장 박동 상태를 녹색
선으로 보여주는 기계가 바로 오실로스코프입니다.

지만, 그것이 진짜 내 삶을 대체할 수는 없으니까요.

프로게이머 출신인 조형근 작가의 말을 빌려보면 좋을 거 같습니다. 그는 자신의 책 『슬기로운 게임생활』에서 이런 말을 했습니다.

"게임에 지배되지 말고 게임을 정복하세요."

그리고 저 역시 뼈아픈 말인데요, 이런 말도 했죠.

"게임 시간과 실력은 비례하지 않습니다."

내가 본 영화는 누가 골랐나?

'천만 관객을 동원한 한국 영화를 모두 쓰시오.'

제가 언론사 입사를 준비하던 2000년대 중반에 꽤 유행했던 시사상식 문제였습니다. 그때 당시 정답은 〈실미도〉(2003년), 〈태극기 휘날리며〉(2004년), 〈왕의 남자〉(2005년), 〈괴물〉(2006년)이었고, 이 답은 2009년에 〈해운대〉가 추가될 때까지 바뀌지 않았습니다.

천만 관객은 한때 '꿈의 숫자'로까지 불렸습니다. 우리나라 인구가 5,000만 명가량인 점을 고려하면 영화를 자주 보지 않는 관객들까지 모조리 스크린 앞으로 불러 모아야만 가능한 숫자였기 때문이죠. 2020년 코로나19가 퍼지고 영화산업이 큰 타격을 입기

전까지 천만 관객을 동원한 한국 영화는 총 19편이었습니다.[*]

우리가 평소 즐기는 어떤 미디어도 영화처럼 천만 명의 관심을 끌기는 힘듭니다. 책은 1만 권도 쉽지 않고 음반은 10만 장이면 대성공이죠. 유튜브도 종종 1000만 뷰를 넘어서는 콘텐츠가 탄생하지만 돈을 내고 영상을 보라고 하면 얘기가 달라질 것입니다. 영화라는 미디어의 대중성은 타의 추종을 불허합니다.

영화는 우리나라에 처음 들어온 그때부터 엄청난 인기를 끌었습니다. 한국영화사에 기록된 국내 최초의 영화는 1919년 10월 27일 서울 단성사에 걸린 〈의리적 구토(義理的 仇討)〉입니다. 이 작품을 기념해 지금도 10월 27일을 '영화의날'로 기념하고 있죠.

〈의리적 구토〉는 연극과 영화를 혼합한 연쇄극(kino drama)이었습니다. 무대에서 보여주기 어려운 장면은 영화로 찍어 스크린으로

개봉 차례대로 정리하면 다음과 같습니다. 2003년 〈실미도〉(강우석 감독), 2004년 〈태극기 휘날리며〉(강제규 감독), 2005년 〈왕의 남자〉(이준익 감독), 2006년 〈괴물〉(봉준호 감독), 2009년 〈해운대〉(윤제균 감독), 2012년 〈도둑들〉(최동훈 감독), 〈광해, 왕이 된 남자〉(추창민 감독), 2013년 〈7번방의 선물〉(이환경 감독), 〈변호인〉(양우석 감독), 2014년 〈명량〉(김한민 감독), 〈국제시장〉(윤제균 감독), 2015년 〈베테랑〉(류승완 감독), 〈암살〉(최동훈 감독), 2016년 〈부산행〉(연상호 감독), 2017년 〈신과함께-죄와 벌〉(김용화 감독), 〈택시운전사〉(장훈 감독), 2018년 〈신과함께-인과 연〉(김용화 감독), 2019년 〈극한직업〉(이병헌 감독), 〈기생충〉(봉준호 감독).

▲ 한국 최초의 상설 영화관인 단성사. 위 사진은 1962년의 전경이다. (출처: 국가기록원)

보여주고, 결정적인 장면은 배우들이 무대에서 직접 연기를 하는
방식이었죠. 새로운 볼거리에 식민지 조선의 사람들은 푹 빠져들
었습니다. 당시 신문 기사를 보면 관객들이 초저녁부터 '조수(潮
水)같이' 밀려들고 객석이 꽉 차서 더는 '표까지 팔지 못한 대성
황'을 이루었다고 합니다.* 그 옛날 극장은 지금처럼 좌석번호를
매긴 관객석이 갖춰져 있는 것도 아니었습니다. 관객들이 등받이
없는 벤치같이 긴 의자에 다닥다닥 붙어 앉거나 바닥에 철퍼덕
앉아 공연을 보던 때였는데, 그마저도 관객을 더 밀어 넣을 공간

이 없을 정도였다는 얘기입니다.

연쇄극에 이어서는 '변사'가 대사를 하며 영화 내용을 설명하는 무성영화의 시대가 이어졌습니다. 변사들은 해방 이후까지 활동하며 지금의 코미디언, MC 못지않은 인기를 누렸죠. 아울러 1935년 〈춘향전〉을 시작으로 바야흐로 '토키(talkie, 대사가 들어간 유성 영화)'의 시대까지 열리면서 영화는 대중들의 여가생활 깊숙이 자리하게 됩니다.

문화체육관광부의 2020년 '국민문화예술활동조사'를 보면 영화 관객들의 1년 평균 관람 횟수는 4.18회입니다. 영화를 전혀 보지 않는 사람들을 제외하고, 영화를 본다고 하는 사람들은 1년에 보통 4편가량씩 관람한다는 의미죠. 1년에 4편 이상 보는 관람자들도 23%에 달했습니다.

영화 관객들은 컴컴한 공간에서 커다란 2차원 스크린을 통해 현실에 없는 세계를 간접적으로 경험합니다. 스크린 안에는 환상적이거나 낭만적인, 때로는 긴장되고 공포스러운 가상 상황이 펼쳐집니다. 관객들은 그 세계에 몰입하면서 그동안 몰랐던 사실을

"신파 신극좌 김도산 일행의 경성에서 촬영된 신파 활동사진이 조선에 처음으로 지난 27일부터 단성사 무대에 상장(上場)된다 함에 초저녁부터 조수같이 밀리는 관객 남녀는 삽시간에 아래위층을 물론하고 빽빽히 차서 만원의 패를 달고 표까지 팔지 못한 대성황이었더라."《매일신보》 1919년 10월 29일자)

알거나 색다른 경험을 하지요.

종교학자 미르치아 엘리아데(1907~1986)는 영화를 '꿈의 공장'이라고 표현했습니다. 현대인들은 영화를 통해 일상과는 다른 시간과 공간을 경험하는데, 그것이 종교적 경험과 비슷하다는 겁니다. 지금은 영화를 언제 어디서나 손쉽게 볼 수 있지만, 그렇다고 하더라도 내 하루의 삶에서 길게는 2시간이 넘는 시간을 정면에 있는 스크린에만 집중한다는 것은 특별하고 소중한 경험이라고 할 수 있습니다.

그런데 여러분들은 영화를 어떻게 고르나요? 영화는 유튜브나 TV와는 달리 콘텐츠 선택이 정말 중요한 미디어입니다. 마음에 안 든다고 중도에 채널을 돌리거나 다른 작품으로 바꿀 방법이 없으니, 한번 그릇된 선택을 하면 꼼짝없이 시간과 돈을 날리고 정신적 고통까지 받게 됩니다.

사람들은 이미 검증된 감독이 제작했거나 좋아하는 배우가 출연하거나, 영화상을 받았거나, 전작이 인기를 끌었거나, 스토리를 제공한 원작이 뛰어난 작품 등을 선택합니다. 또 예고편이 흥미롭거나 영화평론가 및 주변 사람들의 평가가 좋은 작품을 고르기도 하죠.

이런 방법대로 하면 영화를 제대로 고를 수 있는 것일까요? 안타깝게도 현실은 그렇게 간단하지 않습니다. 사실 우리의 영화 선택권은 지극히 한정적입니다. 실체를 알고 보면 관객들이 영화를 고르는 것인지, 영화가 관객들을 고르는 것인지 헷갈릴 정도입니다. 무슨 말이냐고요?

우리나라에서 1년 동안 개봉하는 영화는 몇 편이나 될까요? 영화진흥위원회에서 발간한 '2021 한국 영화산업 결산보고서'를 보면 2021년 한 해 동안 개봉한 한국 영화는 653편, 외국 영화는 984편으로, 둘을 더하면 1,600편이 넘습니다.

이 수치는 온라인 VOD 서비스로 주로 제공되는 영화까지 포함한 것이라 다소 거품이 있긴 합니다. 대신에 1개 이상 상영관에서 최소 1주일 이상 걸린 '실질 개봉작'만 따지면 한국 영화는 224편, 외국영화는 480편으로, 둘을 합해 700편이 조금 넘습니다. 관객들이 1년에 평균 4편가량 영화를 보는 나라에서 이것도 어마어마한 규모입니다.

문제는 우리가 선택을 위한 최소한의 정보를 접할 수 있는 영화는 이 중에서 극히 일부일 뿐이라는 점입니다. 영화 정보 프로그램이 한 주에 다루는 작품은 6~7편 정도에 불과합니다. 전부 신작인 것도 아니죠. 영화 잡지나 영화 전문 유튜버가 다루는 작품도 비슷비슷합니다.

특히 엄청난 제작비를 들여 만든 이른바 '대작'이 나오면 대부분 사람의 시선은 거기 집중됩니다. 대작 영화는 홍보비를 천문학적 규모로 쏟아붓거든요. 한 예로 2021년 말 개봉한 〈스파이더맨: 노 웨이 홈〉은 총 1억 8,000만 달러(한화 약 2,200억 원)의 제작비가 들었고, 또 그와 비슷한 규모의 마케팅 비용이 투입되었다고 합니다. 그러다 보니 관객들은 각종 미디어를 통해 집중적으로 알려진 작품을 선택하게 됩니다. 웬만큼 풍부한 정보를 가진 영화 마니아가 아니고서는 말이죠.

이처럼 정보의 제한 문제도 있지만 아주 노골적으로 선택이 한정되는 경우도 있습니다. 여러분도 종종 한 영화관 내에 있는 여러 개의 상영관에서 같은 영화를 상영하는 걸 본 적 있을 겁니다. 〈스파이더맨〉처럼 유명한 작품들은 한 영화관 안에서만 3~4개 상영관을 차지하기도 합니다.

앞서 천만 관객 영화로 글을 시작했는데요, 〈해운대〉 이후 3년이 지난 2012년에 천만 관객 영화 두 편이 나란히 탄생합니다. 〈도둑들〉과 〈광해, 왕이 된 남자〉였습니다.

두 영화는 물론 대중성이 뛰어났지만 앞선 작품들과 달리 찬사와 더불어 비판도 받았습니다. 관객들의 선택이 아니라 대형 배급사의 힘으로 천만 관객을 만들었다는 것이 비판의 주된 내용이었죠. 당시 우리나라 전체 상영 스크린 수는 2,400개가량이었는데(2022년 말 기준으로는 3,322개), 두 영화는 개봉 당시 각각 1,000개가 넘는 상영관에서 상영되었습니다. 고작 300여 개 상영관에서 천만 관객을 모은 〈왕의 남자〉 같은 작품들과 비교될 수밖에 없었죠. 영화계에서 '천만 관객이란 숫자가 무슨 의미가 있는가?'라는 물음이 나온 것도 자연스러운 반응이었습니다.

우리나라 영화 관객의 90% 이상은 CGV, 롯데시네마 아니면 메가박스에서 영화를 봅니다. 대형 배급사가 특정 영화에 많은 상영관을 배정하면 거기에 다수 관객이 몰릴 수밖에 없죠. 반면 대형 배급사가 반기지 않는 저예산 독립영화나 예술영화, 혹은 다큐멘터리 영화를 보려면 관객들은 먼 거리에 있는 영화관*을 찾아가야 합니다.

어떤 영화를 볼지는 철저히 각자의 취향인 것처럼 보입니다. 하지만 어떤 취향은 이렇듯 존중받지 못하기도 하고, 취향대로 영화를 보려면 상당한 비용을 지불해야 합니다. 반면 어떤 취향은 내가 원치 않아도 보이지 않는 손에 의해 사실상 강제로 나에게 주입됩니다.

어떤 영화를 볼지 말지는 개인의 선택 문제로만 그치는 게 아닙니다. 영화는 상업성이 짙은 콘텐츠이지만 예술의 영역이기도 합니다. 다만 자본 투입과 관객의 호응이 없이는 지속하기 힘든 예술이죠. 이 말은 곧 우리가 어떤 영화를 선택하느냐가 앞으로 영화계에서 어떤 영화를 만들 수 있느냐 하는 문제와 직결된다는 뜻입니다.

> 대표적으로 서울 광화문에 위치한 '시네큐브'가 있습니다. 시네큐브 홈페이지를 방문해보면 근처 번화가에 있는 CGV 등과는 상당히 다른 작품들을 상영하고 있다는 사실을 알게 될 것입니다.

관객들의 선택폭이 좁다면 앞으로 우리나라에서 만들어질 수 있는 영화의 종류도 그에 비례하여 줄어드는 것이죠. 다양한 색채의 감독들이 사라지고, 배우들의 활동 폭은 좁아지며, 결국 영화라는 미디어가 가진 상상력까지 제한될 것입니다. 그러면 결국 영화를 통해 가상의 세계를 경험하고 상상하는 우리의 '꿈의 공간'도 형편없이 줄어들고 말 것입니다.

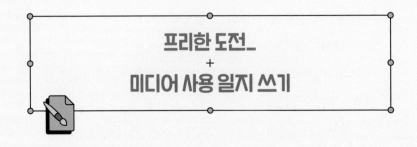

프리한 도전_
+
미디어 사용 일지 쓰기

유튜브나 게임을 적당히 하고 싶은데 자제가 안 된다고요? 스마트폰을 붙들고 있느라 공부도 일도 집중하지 못한다고요? 그럴 때는 '미디어 사용 일지'를 써보세요.

미디어 사용 일지는 하루 단위로 내가 어떤 종류의 미디어를 얼마나 오랫동안 사용했는지 하나하나 기록한 것입니다. 나의 미디어 사용 패턴이 어떤지 스스로 돌아볼 수 있게 도와주죠. 그리고 계획에 따라 주체적으로 미디어를 사용하는 습관을 길러줍니다. 미디어를 사용한 만큼 일지를 기록해야 한다는 사실이 무절제한 사용을 막아주거든요. 또 미디어 사용 일지를 부모님이나 친구들과 공유하고 함께 사용 계획을 세우고 실천한다면 미디어 과몰입을 막는 데 상당한 효과를 발휘합니다.

방법은 간단합니다. 다음과 같은 표를 그리고 본인이 실제로

〈○○○의 미디어 사용 일지〉(1월)

일시	미디어	시작한 시간	끝난 시간	이용시간	내용
1일(월)	유튜브	오후 6시	오후 7시	1시간	신작 영화 소개 영상
	게임	오후 9시	오후 10시	1시간	리그 오브 레전드
	SNS	오후 10시	오후 10시 30분	30분	페이스북, 인스타그램
2일(화)	인터넷	오후 5시	오후 5시 30분	30분	네이버 뉴스 검색
3일(수)	넷플릭스	오후 8시	오후 10시	2시간	드라마 〈재벌집 막내아들〉시청
⋮	⋮	⋮	⋮	⋮	⋮
⋮	⋮	⋮	⋮	⋮	⋮

사용한 대로 기록을 남기면 됩니다. 이용 시간은 정확하게, 내용은 구체적으로 써두는 것이 좋습니다. 그래야 기록을 근거로 앞으로 미디어 이용 시간을 어느 부분에서 어떻게 줄일지, 어느 부분은 늘려도 좋은지 답이 나오거든요.

미디어 이용 시간이 과하다는 판단이 들면 과감하게 스마트폰이나 TV를 꺼버리세요. 대신 그 시간을 운동이나 공부, 가족과 대화하기 등에 쏟으면 훨씬 더 즐겁고 보람찬 하루를 보낼 수 있습니다.

정확한 통계를 위해 스마트폰 애플리케이션을 이용하는 방법
도 있습니다. 플레이 스토어나 앱 스토어 등에는 스마트폰 앱 사
용 횟수와 시간 등을 자동으로 측정해 주는 앱이 상당히 많습
니다.

대표적으로 '스테이프리(StayFree)' 앱을 사용하면 기간별로 내
가 어떤 앱을 몇 분, 몇 초 동안 사용했는지 일목요연하게 살펴볼
수 있습니다. 스마트폰을 몇 번이나 켰는지도 기록이 남습니다.
또 특정 앱의 사용 제한량을 정해놓고 그 이상 사용할 때 자동으
로 차단이 되게 하거나 장시간 이용 시 경고를 띄우는 기능도 있
습니다.

다만 이런 앱은 미디어 이용 시간을 자동으로 기록해주기 때문
에 사후 점검에는 효율적이지만 스스로 이용을 제어하는 효과는
직접 일지를 작성하는 것보다 떨어집니다. 계획에 따라 미디어를
이용하고 스스로 일지를 기록하되, 앱은 이용 시간을 정확히 측
정하는 데 활용하는 식으로 병행하는 것도 좋은 방법입니다.

대중의 소리를 막는 것은 강을 막는 것보다 어렵다._공자

2장_일상

내 삶은 저들과 왜 이렇게 다를까?

말레이시아 수도 쿠알라룸푸르에 출장 갔을 때 일입니다. 한 식당에서 늦은 저녁을 먹는데 식당 뒤편 정원에서 한 쌍의 청춘 남녀가 사진 촬영을 하고 있더군요. 주변에는 촛불이 여기저기 켜져 있고, 바닥에는 꽃잎이 촘촘하게 깔려 있었죠. 남자가 여자에게 결혼을 청하는, 프러포즈의 순간이었습니다.

동행하던 현지인에 따르면 원래 말레이시아에는 그런 문화가 없었다고 합니다. 깜짝 이벤트(?)를 가장한 프러포즈는 그즈음 빠른 속도로 유행하기 시작했는데, 이를 퍼뜨린 주범은 바로 '한류'였습니다. 한국 드라마가 말레이시아는 물론 동남아 지역에서 인기를 끌면서 드라마를 따라 한국식 프러포즈를 하는 커플들이 마구 생겨났다는 설명이었죠.

▲ 남성이 여성에게 한쪽 무릎을 꿇고 청혼하는 모습. 이런 정형화된 프러포즈는 미디어의 영향 탓이 크다.

저는 결혼 당시 이런 식의 프러포즈를 완강히 거부했습니다. 낯이 뜨겁기도 하거니와, 이미 결혼식 날짜까지 잡아둔 예비부부가 새삼스럽게 청혼 행사를 하는 것은 허례 의식이라고 굳게 믿었기 때문이죠. 그래서 저는 결혼 10년이 지난 지금까지도 아내의 원망을 듣고 있습니다.

당장 포털사이트에 '프러포즈'라고 쳐볼까요? 프러포즈하기 좋은 장소, 프러포즈 선물 추천, 개인적 경험담으로 포장된 블로그 홍보 글까지…, 인터넷 공간에는 어떤 프러포즈가 성공적인 프러포즈인지 강변하는 광고가 수도 없이 많습니다. 심지어 '뉴스' 탭에는 연예인이나 운동선수 등 유명인들이 어떻게 프러포즈를 하고 또 받았는지 다룬 기사가 쏟아집니다.

그런데 왜 이런 프러포즈를 하는 걸까요? 이미 서로 사랑의 깊이를 확인하고 결혼식 날짜까지 잡은 커플들에게 새삼스럽게 왜 이런 이벤트가 필요한 것일까요?

프러포즈를 결혼의 필수 조건이라고 주장할 근거는 어디에도 없습니다. 당연히 저처럼 프러포즈를 하지 않았다고 해서 결혼을 못 하거나 이미 맺은 혼인 관계가 무효화되지도 않죠. 그런데도 많은 커플이 프러포즈를 결혼의 필수 절차처럼 여기는 것은 미디어의 영향이란 면에서 따져 볼 수밖에 없습니다.

미디어는 같은 사회에 사는 우리가 무엇을 해야 하는지, 또는 하지 말아야 하는지를 반복해서 강조합니다. 예를 들면 '선거에서 소중한 한 표를 행사해야 한다', '사회적 약자를 차별해서는 안 된다' 같은 식으로 말입니다.

미디어의 이런 메시지들은 사회적 규범으로 작동합니다. 합법/불법을 떠나서 한 공동체가 추구하는 올바른 변화의 방향이 무엇인지 기준을 제시하는 것이죠. 덕분에 같은 공동체의 비슷한 세대 구성원들은 공통의 가치관을 공유하며 이를 함께 실천해나갈 수 있습니다. 미디어가 '학교 이후의 학교'라는 것도 이와 같은 맥락의 표현입니다.

문제는 미디어가 제시하는 규범은 사회적 질서의 영역으로만 한정되지 않는다는 점입니다. 미디어는 우리가 무엇을 입고 먹을지, 무엇을 하며 시간을 보낼지, 어떤 물건을 사고 어떤 서비스를 이용할지 등 지극히 일상적인 부분에까지 기준을 제시합니다.

사람들은 흔히 미디어가 제시하는 기준을 표준 또는 보편이라고 여깁니다. 그리고 그 흐름에 편승할 때 편안함을 느끼고요. 그 흐름을 다른 말로는 유행 또는 트렌드(경향)라고 부릅니다. 요란한 연주를 하며 악단을 이끄는 수레(band wagon)를 아이들이 우르르 뒤따라가듯, 사람들이 다른 사람들과 관계에서 소외되지 않으려 유행에 동조하는 비이성적인 심리를 '밴드웨건 효과'라고 합니다. 미디어의 영향력이 극적으로 커지는 것은 밴드웨건 효과 덕분이기도 하죠.

유행을 따르는 것도 개인의 자유이기에 다른 누군가가 왈가왈부할 수 있는 일은 아닙니다. 다만 미디어가 표준처럼 제시하고 많은 사람이 이를 수용하는 과정에서는 불가피하게 선의의 피해자들이 생겨나기 때문에 문제가 됩니다. 미디어가 제시한 일상의 규범을 거부하는 사람들을 괴짜, 괴팍한 사람, 심지어는 반사회적 인간처럼 여기는 경우가 발생하는 것이죠. 형식적 프러포즈를 끝내 거부해 지금까지 고통을 받는 저처럼 말입니다.

더 심각한 문제도 있습니다. 세상에는 미디어가 제시한 기준을 기꺼이 따르는 사람과 의식적으로 거부하는 사람만 존재하는 것이 아닙니다. 따르고 싶으나 따를 수 없는 사람들도 있거든요.

예를 들면 배우자가 될 사람에게 평생 기억에 남는 멋진 프러포즈를 해주고 싶지만, 경제적 사정이 여의치 않은 사람들이 있습니다. 등록금 빚에 허덕이며 방학이면 아르바이트를 전전하는 대학생들은 미디어가 해외 배낭여행을 진취적 청춘의 전유물처럼 묘사할 때 어떤 기분이 들까요? 광고에 수도 없이 등장하는 최신 스마트폰이나 태블릿PC의 가격은 누구나 감당할 수 있는 수준이 절대 아닙니다. 한 손으로 들어 올리는 가벼운 노트북을 갖고 싶지만 가질 수 없는 사람, 유명 연예인이 선전하는 신상 자동차를 타고 싶지만 그럴 수 없는 사람들에게 미디어가 제시하는 표준 아닌 표준은 참기 힘든 고통이 됩니다.

공장에서 만드는 물건은 표준 규격이 있지만, 사람의 삶에는 표준이 있을 수 없습니다. 미디어가 제시하는 일상의 규범은 삶을 살아가는 수많은 방식 중 하나일 뿐이지 결코 전부가 아닙니다. 그 기준을 절대적인 것처럼 여기고 따라가려면 필연적으로 고통이, 지극히 불필요한 고통이 따릅니다. 행복을 위한 일이 고통이 되는 아이러니한 상황이 벌어지는 것이죠.

사랑하는 사람에게 하는 프러포즈는 분명 멋진 일입니다. 하지만 커플마다 사랑의 양상이 다르듯 사람마다 사랑을 표현하는 방식도 다릅니다. 드라마 장면 같은, 연예인 커플 같은 프러포즈도 사랑을 표현하는 수많은 방식 중 하나일 뿐이에요.

그런 점에서 저는 아내에게 다시 항변하고 싶습니다. 내가 왜 대체 그런 프러포즈를 해야 하는데?

아침 식탁에 오른 빵 봉지와 우유갑에는 맛과 영양, 신선함을 강조하는 광고 문구가 요란합니다. 버스정류장 벽은 물론이고, 학교 가는 버스 안에도 손잡이 하나하나까지 제품 광고가 새겨져 있죠. 친구들이 입은 옷, 손에 든 가방, 머리에 쓴 모자에는 큼지막한 상표들이 붙어 있습니다. 길을 걷다 보면 아주머니들이 전단지를 한가득 나눠주고, 층층이 달린 화려한 간판들은 경쟁하듯 반짝입니다. 유튜브를 잠깐 켤 때, 게임에 집중하는 도중에도 광고는 내 시선을 훅 하고 앗아갑니다. 그야말로 이 세상은 광고 천지입니다.

우리는 하루 평균 약 5,000개의 광고에 노출된다고 합니다. 광고를 흔히 '자본주의의 꽃'이라고 부르는데, 꽃은 한철이지만 광

▲ '머그잔을 잡으면 모두가 좋아요'〈출처: 한국방송광고진흥공사 〉

고는 평생 우리를 쫓아다닙니다. 마치 공기를 마시는 것처럼 우리는 의식하지 못하는 순간에도 광고를 보고 들으며 살아갑니다. 광고를 보지 않는다는 것은 죽어서야 가능한 일일 테니 광고를 자본주의의 공기라고 해도 과언이 아닐 것입니다.

광고는 우리에게 일상의 규범을 제시하는 대표적인 미디어입니다. 광고주들은 광고를 통해 더 많은 사람의 생각과 태도를 자신들이 원하는 방향으로 변화시키고자 노력합니다.

광고는 크게 상업광고와 비(非)상업광고로 나뉩니다. 상업광고에는 어떤 물건을 사라거나 서비스를 이용하라고 부추기는 상품광고, 특정 상품이 아니라 브랜드에 대한 전반적인 이미지 제고를 목적으로 하는 기업광고 등이 있죠. 비상업광고는 금연이나 교통안전 등 시민들의 의식 변화를 꾀하는 공익광고, 정치적 견해를 확산시키기 위한 정치광고 등이 있습니다.

광고의 역사는 인류의 역사와 맥을 같이합니다. 사람들이 모여 집단을 이루고 교환 활동을 영위했던 곳이라면 그 어디든 다양한 형태의 광고가 존재했습니다. 광고는 한 시대의 사회상과 일상의 모습을 담고 있기에 역사학자들은 광고를 통해 그 시대의 생활상을 추적하기도 합니다.

인류 최초의 광고가 무엇인지는 알 수 없지만, 영국 대영박물관에는 기원전 10세기경 파피루스에 쓰인 '도망 노예 현상수배' 광고지가 보존되어 있습니다. 고대와 중세에는 황제나 왕의 치적을 시민들에게 알리는 정치광고도 많았죠. 본격적인 광고의 발전은 대중매체의 확산과 함께 이뤄집니다. 인쇄기술이 발달하고 라디오와 TV가 대중화되면서 광고 역시 지금과 같은 모습으로 발전했습니다.

우리나라 최초의 광고는 1886년《한성주보》에 기사 형식으로 실린 무역회사 세창양행(世昌洋行)의 광고입니다. 세창양행이 조선에서 호랑이 가죽이나 동물의 털, 뿔 등을 사들이고 있으니 가져와 팔고, 서양에서 수입해온 유리와 뮤직박스, 바늘 등을 판매하고 있으니 많이들 방문해 달라는 내용입니다.

광고는 미디어로서 독특한 성격을 지닙니다. 광고는 독자적인 영역뿐 아니라 다른 모든 미디어에도 일정한 지분을 갖고 있습니다. 신문 지면도 통상 3분의 1 정도는 뉴스가 아닌 광고로 채워집니다. TV 프로그램과 영화, 유튜브 영상 앞뒤에도 광고는 빠지지 않죠. 인터넷 공간도 곳곳에 덕지덕지 광고가 붙어 있습니다.

센스 넘치는 광고는 그 자체로 재미난 콘텐츠가 되기도 하지만, 각 미디어에서 광고의 영역이 너무 커지면 문제가 되기 시작합니다. 다들 유튜브 영상을 집중해서 보던 중에 광고가 갑자기 끼어들어 성가심을 느낀 경험이 몇 번씩 있을 것입니다. 간접광고(PPL)* 상품이 지나치게 두드러져 드라마에 몰입할 수 없게 만

기업이 협찬한 제품을 드라마나 예능 프로그램 중간에 소품처럼 끼워 넣어 인지도를 높이는 광고 기법을 말합니다. PPL로 기업은 광고 효과를 얻고 방송국은 제작비용을 확보해 더 나은 프로그램을 만들 수 있죠. PPL이 자연스럽게 이뤄지면 시청자들이 거부감을 보이지 않습니다. 하지만 노골적인 PPL이 프로그램의 흐름까지 끊으면 오히려 역효과를 내기도 합니다.

드는 일도 있죠. 이 때문에 정부는 광고에 대한 각종 규제를 법으로 정해두고 있습니다. 예를 들면 우리나라는 지상파TV 프로그램의 경우 1시간당 9분(15%)으로 광고의 양을 정해두었습니다. PPL은 드라마와 예능 프로그램에서만 가능하며, 그것도 프로그램 시간의 5%를 넘어서는 안 되고 제품 브랜드의 노출 면적은 화면의 25% 이내여야 합니다. 또 PPL이 아닌 제품 브랜드는 아예 화면에 노출되어서는 안 되죠. TV 속 연예인들의 옷이나 모자에 상표가 보이지 않도록 테이프를 붙여둔 것도 이런 이유 때문입니다.

하지만 우리나라의 광고 규제는 점점 완화되는 추세입니다. 과거에는 불가능했던 PPL은 2010년 5월부터 허용되었습니다. 경기가 벌어지는 축구장 화면에 컴퓨터 그래픽으로 상품광고를 덧씌우는 '가상광고'도 그해 도입되어 차차 영역을 넓혀 왔습니다. 프로그램에 붙는 광고도 과거에는 형태별로 각각 노출이 가능한 시간을 정해 따르도록 했지만, 2015년 광고총량제가 시행되면서 '방송 시간의 15% 이내'라는 큰 틀의 규칙만 지키도록 했죠. 2021년에는 프로그램 도중에 나오는 '중간광고'도 허용되었습니다.

광고는 새롭고 좋은 상품과 서비스에 대한 정보를 제공하여 우리의 삶을 윤택하게 만들어줍니다. 그러나 광고의 비율이 다른 영역을 잠식할 정도로 커져버리면 미디어는 고유의 기능을 제대로 수행할 수 없으며 그저 단순한 광고판으로 전락해버립니다. 미디어가 제 기능을 잃고 광고판 역할만 수행하는 사회에서는 시민들도 주권자가 아니라 그저 돈벌이의 대상으로만 남을 수밖에 없을 것입니다.

유명 운동복 브랜드의 광고를 보다 보면 당장이라도 운동장으로 뛰어나가 심장이 터지도록 달리며 땀을 흘리고 싶다는 생각이 듭니다. 저처럼 '운동해야 하는데…'라고 방구석에서 주문만 외우고 있는 사람에게는 이런 광고가 동기부여에 제법 도움이 되기도 하죠.

다른 광고들은 어떤가요? '저건 꼭 사야지', '맛있겠다, 먹고 싶다', '한번 가보고 싶다'처럼 광고는 입고 먹고 즐겁게 시간을 보내고 싶은 사람들의 다양한 욕구를 자극합니다. 광고가 자극하는 욕구는 원초적인 것에만 한정되지도 않습니다. 자, 지금 읽는 이 책의 뒤쪽 책날개를 한번 열어보세요. 거기에는 여러분의 지적 욕구나 성취욕 등을 자극하는 훌륭한 책(?)들이 소개되어 있을 것입니다.

광고는 이렇게 사람들의 욕구를 자극하여 궁극적으로 행동의 변화까지 끌어냅니다. 더 많은 사람의 생각을 바꾸고 행동 변화를 유발해 광고주가 원하는 방향의 결과를 효과적으로 끌어낼 수 있어야만 비로소 좋은 광고라고 할 수 있죠. 광고에는 독창성이나 표현력 등 예술적 요소도 존재하지만, 아무리 예술적으로 뛰어나다고 하더라도 소비자를 설득하는 힘이 없다면 제 역할을 했다고 평가받기 어렵습니다.

광고는 사람들의 마음을 효과적으로 움직이기 위해 다양한 방법을 동원합니다. 제품이나 서비스의 어떤 특징을 부각할지, 소비자들의 이성과 감성 중 어느 쪽을 공략할지 치밀한 전략을 짜고, 가장 효과적으로 메시지를 전달할 수 있는 기법을 고민합니다. 광고 모델로 누구를 쓸지도 중요한 요소입니다. 사람들은 자기가 좋아하거나 존경하는 인물이 홍보하는 제품을 믿고 싶어 하니까요.

이런 광고 기술들은 광고주의 요구를 충실히 수행할지는 모르겠지만, 소비자에게는 잘못된 선택을 유발하기도 합니다.

에드워드 버네이즈(1891~1995)라는 광고계의 전설적 인물이 있습니다. 'PR(public relations, 홍보)의 아버지'라고도 불리며 PR학을 교과 과정으로 정립한 인물이기도 하죠. 버네이즈는 단순히 제품의 장점만 강조하는 것이 아니라, 제품이 더 잘 팔릴 수 있는

▲ 1932년 아메리칸타바코가 여성 흡연자를 겨냥해 만든 담배 광고.
〈출처: 미국 스탠포드대학교(Stanford Research Into the Impact of Tobacco Advertise)〉

사회적 환경 변화를 이끌어 소비자들의 인식에까지 큰 영향을 미친 것으로 유명합니다.

1920년대 담배회사로부터 광고 의뢰를 받은 버네이즈는 흡연을 '여성해방운동'과 연결합니다. 이미 흡연율이 높은 남성들에게 담배를 더 팔기가 어려워지자 여성을 흡연자 대열로 끌어들인 것이죠. 당시 버네이즈는 담배가 '자유의 횃불(torches of freedom)'이라며 여성이 거리에서 담배를 피우는 것이 여성해방인 것처럼 선전했습니다. 지금으로서는 상상도 못 할 '흡연 독려 캠페인'이 대대적으로 벌어진 것입니다.

이 선전에 설득되어 흡연을 시작한 여성들은 담배가 타는 동안 일시적 해방감을 느꼈을지는 모르지만, 부지불식간에 스스로를 니코틴의 감옥에 가두고, 본인과 때로는 2세들의 건강까지 크게 해쳤을 것이 분명합니다.

설득력을 더하기 위해 거짓말을 하는 광고는 제재를 받습니다. 잘못된 광고를 그대로 내보내면 많은 소비자가 피해를 보기 때문에 나라에서 적절성을 따져보는 것이죠. 공정거래위원회의 '2021년 통계 연보'에 따르면, 근거 없는 사실이나 일부 사실에 근거해 부풀린 '허위과장 광고', 소비자들이 알아야 할 중요한 사실을 일부러 숨기거나 축소한 '기만 광고' 등 관련법을 어겨 시정 조치를 받은 광고가 그해에만 총 105건에 달했습니다.

온갖 방법을 동원해 광고가 이뤄내려는 '행동의 변화'란 무엇일까요? 공익광고나 정치광고 외에 모든 상업광고의 목적은 분명합니다. 더 많은 소비자가 지갑을 열도록 만들어 기업의 이윤을 극대화하는 것입니다. 어떤 광고는 기업의 제품이 소비자의 건강과 행복을 지켜준다거나 경제적 부담을 줄이고 생활의 편리함을 가져다준다고 역설합니다. 하지만 그런 약속도 어쨌든 소비자가 지갑을 연 뒤에야 지켜질 수 있겠죠.

자본주의 시스템이 유지되기 위해서는 끝없는 소비가 필요합니다. 만약 사람들이 어느 순간 지갑을 닫고 청빈한 수도사들처럼 살아간다면 대기업은 줄줄이 망할 것이고 자본주의 시스템도 무너질 것입니다.

문제는 이 시스템을 유지하기 위해 광고는 우리에게 필요 이상의 소비 욕망을 부추긴다는 점입니다. 더 좋은 음식, 더 좋은 옷과 가방, 더 좋은 차, 더 좋은 스마트폰, 더 좋은 의료 서비스, 더 좋은 보험이나 금융 상품 등, 광고는 매번 우리에게 지금보다 더 좋은 것들을 권합니다. 윤택한 삶, 일상의 행복을 꿈꾸는 평범한 사람들이 여기 혹하는 것은 지극히 자연스러운 일이죠.

그러나 조금만 천천히 따져보면 광고가 부추기는 수많은 욕망 중에 내 삶에 필요불가결한 것은 얼마 되지 않는다는 사실을 알 수 있습니다. 그 외의 것은 내가 삶을 살며 정말로 원해왔던 것이 아니라 미디어가 나에게 주입한 가짜 욕망에 지나지 않는다고 할 수 있죠. 가짜 욕망은 나에게 잠깐의 즐거움은 줄 수 있겠지만 진짜 행복을 가져다주지는 못합니다.

광고가 우리에게 약속하는 행복은 그저 환상일 소지가 다분합니다. 최고급 로봇 청소기를 산다고 우리 집이 TV 속 저택처럼 깨끗해지지도 않으며, 최신 휴대전화를 가진다고 모두에게 주목받는 '인싸(insider)'가 된다는 법도 없습니다. 광고 장면처럼 정말 행복이 보장된다면 큰돈도 아깝지 않지만, 누구도 이를 보장해주지 않는다는 사실은 우리도 모두 잘 알고 있습니다.

그래서 내 삶의 행복은 광고 속 상품과 서비스를 구매하면서 실현하려 할 것이 아니라 다른 데에서 찾아가야 합니다. 가짜 욕망에 따른 소비는 끝이 없으며 삶에 공허함만 더해줄 뿐입니다. 유명 브랜드의 운동화를 모두 사 모아도 제 몸은 건강해지지 않을 것입니다. 모두 알다시피 우리 몸의 건강은 유명 브랜드의 운동화가 아니라, 나의 근면함과 꾸준함이 만들어주는 결과물이기 때문입니다.

"올해는 파스텔톤 핑크(옅은 분홍색)가 유행이래.", "올여름은 래시
가드 수영복이 트렌드잖아.", "요즘은 꾸안꾸(꾸민 듯 안 꾸민 듯) 메
이크업이 대세야."

주변에서 이런 말들을 들어본 적이 있을 것입니다. 우리는 일
상생활에서 유행이라는 말을 부지기수로 사용합니다. 그리고 그
유행은 우리가 무엇을 입고 먹을지, 무엇을 즐기며 소중한 시간
을 보낼지 결정하는 데에 상당한 영향을 미치죠. 그런데 대체 그
유행이라는 바람은 어디에서 불어오는 것일까요?

유행의 최첨단에는 연예인이 있습니다. 미디어 속 연예인은 남
들이 잘 하지 않는 새로운 시도를 합니다. 그리고 그런 시도가 사
람들에게 영향을 미치면서 유행이 시작됩니다. 1967년 가수 윤복

희가 우리나라 최초로 미니스커트를 입고 대중들 앞에 서자 엄청난 논란이 일었지만 이 패션은 오래지 않아 여성들 사이에서 널리 유행했습니다.

요즘은 인플루언서의 영향도 큰 것처럼 보입니다. 인플루언서가 인스타그램 같은 SNS에 소개한 패션, 다이어트 식품, 여름휴가 여행지는 사람들 사이 '핫(hot)한 아이템'으로 떠오릅니다. 심지어 인플루언서가 키우는 반려동물까지 유행하기도 합니다. 생명을 지닌 동물을 돌보는 데도 유행이 있다니, 어떤 점에서는 정말 무섭습니다. 유행이 지나버린 반려동물은 어떻게 되는 것일까요?

이렇듯 유행은 평범한 사람들의 선망의 대상인 유명인들이 만들어내는 문화적 현상처럼 보입니다. 정말 실상도 그런 것일까요? 실은 그렇지 않습니다. 한 시절을 풍미하는 유행에는 연예인의 감각보다 자본의 논리가 더 주요하게 작용합니다.

유명 연예인과 인플루언서 뒤에는 이들에게 상품을 제공하여 많은 사람이 이를 유행이라고 믿도록 만드는 보이지 않는 손이 있습니다. 바로 상품을 만들어 파는 기업입니다. 이들은 전면에 노출되지 않는 데다가 더욱이 미디어가 이를 철저히 은폐하기 때문에 우리는 유행의 실체를 눈치를 채기 쉽지 않습니다.

기업은 왜 이런 유행을 만들어내는 것일까요? 우리가 미디어를 통해 접하는 유행은 대부분 소비와 관련이 있습니다. '유행한

▲ 패션쇼 런웨이 모습. 국제유행색협회가 2년 뒤 유행할 컬러를 지정하면 패
션디자이너들은 이를 참고해 신상품을 만든다.〈출처: 픽사베이〉

다'는 말은 결국 어떤 제품과 서비스가 많이 팔린다는 뜻입니다.
일상에서 쓰는 트렌드라는 단어를 '소비 트렌드'라고 바꾸어도
뜻이 달라지지 않습니다. 다수가 일관되게 돈을 쓰는 경향을 만

들어두면 기업은 사람들의 욕구에 부응하기가 쉬워집니다. 유행이 기업 활동의 효율을 높여주는 것이죠.

국제유행색협회(인터컬러, International Commission for Fashion Textile Colours)라는 단체는 2년 뒤 봄여름(SS)과 가을겨울(FW)에 유행할 색을 매년 몇 가지씩 제안합니다. 유행'할' 색을 '제안'한다고 했지만 실상은 앞으로 유행'시킬' 색을 '결정'하는 것과 다름없죠. 이 단체에서 유행 색을 정하면 2년 동안 패션 디자이너들은 이를 고려해 신상 옷을 디자인하고 의류 공장에서는 거기에 맞춰 대량으로 기성복을 만들어냅니다. 그리고 정해진 때가 되면 TV나 패션 잡지 등에서 올해의 유행 색을 대대적으로 선전해요. 그러면 유행에 민감한 사람들은 여기 맞춰 새 옷을 사들입니다.

만약 유행 색이 없다면 어떤 일이 벌어질까요? 사람들은 자기 취향과 그때그때 기분에 따라 마음에 드는 색깔의 옷을 찾아다닐 것입니다. 사람들의 취향은 제각각이기 때문에 옷을 만드는 패션 회사는 여기에 일일이 대응하기가 너무 어렵죠. 어떤 색의 옷이 많이 팔릴지 예측할 수도 없고, 따라서 어떤 색의 옷을 많이 만들어야 할지 방향을 정하기도 힘듭니다. 유행 색을 정해두는 것만으로도 기업의 많은 고민은 사라지고 사업 효율은 극적으로 올라갑니다.

'먹방'이 유행하고 '요섹남(요리 잘하는 섹시한 남자)'이 트렌드가 되면 식품업계에는 새로운 소비 시장이 열립니다. 특히 요섹남 트렌드는 남성 흡연이 포화 상태에 이르자 여성들의 흡연을 유행시킨 버네이즈의 전략과 비슷하죠. 전에는 요리에 관심이 없었던 남성들조차 요섹남 트렌드를 좇아 각종 주방 기구와 식재료를 사들이게 되는 것입니다.

하지만 과하게 인위적으로 유행을 만들려 할 때 문제가 발생합니다. TV 건강프로그램은 어떤 열대과일이 노화를 방지하고 암을 억제하는 효과가 있다고 소개합니다. 의사들까지 나와서 이 과일은 '신의 선물'이라고 찬양하죠. 그런데 채널을 돌리다 보니 홈쇼핑 채널에서 바로 그 열대과일을 팔고 있습니다. 이를 '연계 편성'이라고 하는데, 방송통신위원회의 감시 대상입니다. 이 연계 편성도 당연히 기업의 판매 전략입니다.

물론 유행은 소비자에게도 이점이 있습니다. 비록 누군가 정한 것이라고 해도 유행은 우리 삶에 모종의 변화와 새로운 자극을 가져다주니까요. 마라탕이 유행하면 라면과 국수만 알던 사람들도 새로운 미각의 즐거움에 눈을 뜨게 됩니다. 크롭티(배꼽티) 같은 노출 패션이 유행하면 여기에 기대어 전에는 하지 않았던 과감한 노출을 시도해보는 사람들도 있겠죠. 유행이 없다면 사람들의 오늘은 어제와 다름이 없고 내일도 무미건조한 일상으로 이어질 것입니다. 쇼핑에 관심도 없고 쇼핑의 기술도 부족한 사람들에게는 유행이 상품 선택의 고민을 줄여주기도 합니다. 많은 사람이 구매하는 상품을 구입하면 '중간은 간다'는 생각을 하니까요.

그러나 과도하게 이를 추종하다 보면 우리의 삶은 피폐해집니다. 누군가 만들어놓은 흐름에 따라 그저 흘러가듯 살아가는 알맹이 없는 삶이 되어버리죠. 미디어가 전파하는 유행은 우리 삶을 윤택하게 할 정도로만 즐기되, 변하지 않는 나의 중심을 찾고 지키려는 의지를 놓아버려서는 안 됩니다. 남과 나를 구분하는 개성을 잃어버리는 데에 비하면 유행하는 옷 몇 벌이 없다는 것쯤은 아주 사소한 일입니다.

TV, 또 하나의 가족

오래전 대학 시절 함께 자취생활을 하던 친구가 하나 있었습니다. 자취방에 들어오는 즉시 TV를 켜는 것이 그 친구의 습관이었죠. 그렇다고 딱히 챙겨보는 프로그램이 있는 것도 아니었습니다. 고물상에서 사들인 서류 가방 크기의 작은 TV는 방 한구석에서 혼자 떠들 뿐이었죠. 한번은 제가 따져 물었습니다. '왜 보지도 않는 TV를 자꾸 켜냐'고요. 친구의 대답은 이랬습니다. "집에서 사람 소리가 나면 마음이 편하잖아."

방송통신위원회의 '2021 방송매체 이용행태조사'를 보면 아예 TV를 보지 않는 사람들을 제외하고 TV 이용자들의 하루 평균 이용 시간은 3시간 6분으로 집계되었습니다. 꽤 긴 시간이긴 하지만 이 조사는 정확하다고 보기 어렵습니다. 이 수치는 TV 매체의 독특한 속성을 제대로 반영하지 못한 것이기 때문입니다.

스마트폰이 널리 보급되며 TV를 전혀 보지 않는 사람들이 차츰 늘어나고 있지만, 그럼에도 TV는 여전히 많은 이들에게는 늘 곁에 있는 가족 같은 미디어입니다. 식당이나 상점에 가보면 온종일 TV를 켜두는 모습을 흔히 볼 수 있습니다. 제 친구처럼 보지도 않으면서 사람 소리를 듣겠다고 TV를 계속 켜두는 경우도 많죠.

실제로 가족이 없는 독거노인(홀몸 어르신)의 상당수는 TV를 보며 하루를 보냅니다. 경기 파주시에서는 이 점에 착안해서 TV 이용 패턴을 분석해 홀로 숨을 거두는 '고독사'를 막는 프로젝트를 가동하고 있기도 합니다. 매일 아침 7시에 일어나 1시간 단위로 채널을 바꾸던 노인이 TV를 켜지 않거나 시간이 지나도 채널을 바꾸지 않으면 전화를 걸거나 집을 방문해 건강 상태를 확인하는 것이죠.

TV는 정면의 스크린을 두 시간 동안 집중해야 하는 영화나, 두 손에 들고 바라보는 스마트폰과는 성격이 완전히 다릅니다. 우리가 신경을 쏟지 않아도 알게 모르게 우리 일상에 녹아들어 있는데, 이를 TV의 '침투적 성격'이라고 말합니다. TV는 누가 보든 안 보든 신경 쓰지 않고 방 한구석에서 일상적으로 쉬지 않고 조잘거립니다.

흔히 TV를 '바보상자'라고도 부르죠. TV는 사람들의 생각을 멈춰 세우고 방송이 의도한 대로 웃고 우는 수동적 인간들을 양산합니다. TV를 많이 보면 치매가 오기 쉽고 수면장애가 생기며, 운동시간이 줄어 우울증 및 당뇨 위험이 커진다는 연구 결과도 있습니다.

하지만 한편으로 생각해보면 TV만큼 유용한 미디어도 없습니다. 이 바보상자가 없다면 사람들은 구경거리를 찾아 직접 영화관이나 공연장에 가서 돈을 써야 할 겁니다. 세상 돌아가는 일이나 각종 생활 정보에 대한 접근도 제한되겠죠. TV가 널리 보급되어 있기에 그와 같은 경제적, 시간적 여유가 없는 사람들도 일정 수준 이상의 문화적 혜택을 누리고 사회생활을 위한 최소한의 정보에도 소외되지 않습니다.

이런 이유로 TV 방송은 다른 미디어에 비해 '공공성'이 특히 더 강조됩니다. 국민이면 누구나 방송에 쉽게 접근하고 무리 없이 즐길 수 있어야 하기에 방송은 사회 전체 구성원의 권리를 늘 염두에 두어야 한다는 것입니다. 더욱이 KBS, MBC, SBS 같은 지상파 방송은 모든 사람이 공동으로 이용할 수 있는 자원, 즉 공공재인 '전파'를 빌려 사용하기 때문에 공공성을 더 철저하게 지킬 의무가 있습니다.

여러 나라의 정부는 방송을 통한 공공의 이익을 보장하기 위해 따로 공영방송을 두고 있습니다. 그리고 이 방송사들이 상업적 이익에 좌지우지되지 않고 공공성 확보에 집중하며 다양한 프로그램을 제작할 수 있도록 각종 제도적 지원을 하죠. 우리나라에는 KBS, MBC, EBS, 영국에는 BBC, 일본에는 NHK, 미국에는 PBS 같은 공영방송이 있습니다.

공영방송 운영에서 근래 문제가 되는 것 중 하나는 '수신료'입니다. 우리나라의 KBS뿐 아니라 영국 BBC, 일본 NHK 등 다른 나라의 공영방송도 안정적인 운영을 위해 수신료를 걷습니다. 우리나라의 TV 수신료는 2023년 현재 월 2,500원으로, 컬러TV 방송이 시작된 이듬해인 1981년부터 40여 년간 변동이 없습니다. KBS는 매번 기회를 보며 수신료를 올리려고 했지만 국민의 저항이 엄청났기 때문입니다.

수신료는 TV를 보든 안 보든 상관없이 TV가 있는 가정에 전기요금과 함께 일괄 청구됩니다. 지금은 TV가 아예 없다면 별도 신청을 거쳐 수신료를 내지 않는 길이 열렸지만 과거에는 그마저도 불가능했죠. 우리와 사정이 비슷한 일본 같은 경우는 NHK가 고용한 직원들이 수신료를 걷기 위해 가가호호를 방문합니다. 그래서 일본에는 NHK 영업 사원이라는 사실을 알아채면 현관문을 열어주지 않고 버티는 사람들도 많다고 합니다.

우리나라는 1980년대부터 이미 수신료 거부 운동이 벌어졌습니다. TV를 보지 않아서 수신료를 못 내겠다는 것이 아니라, 방송이 공공성을 지키지 못하고 있으니 수신료를 주지 않겠다는 것이었죠. 쿠데타로 권력을 잡은 독재자를 미화하는 나팔수 역할이 당시 공영방송의 현실이었으니, 그런 방송국에다 굳이 돈을 모아 주고 싶지 않은 사람들이 많았던 것입니다. 공영방송이 공공이 아닌 권력에 봉사하는 행태는 이후에도 반복되었으며, 지금도 크게 달라지지 않았습니다.

더구나 동영상 플랫폼과 OTT 서비스, 인터넷을 기반으로 하는 IPTV 등이 발전한 지금, TV 수신료는 불필요하고 부당한 지출처럼 느껴집니다. KBS는 수신료를 올리고 싶어 하지만, 수신료를 높여야 방송의 공공성을 강화할 수 있다는 주장은 해가 갈수록 점점 더 설득력을 잃고 있습니다.

방송 공공성은 분명히 지켜져야 하고 이를 위해 필요하다면 수신료 인상도 검토해야 합니다. 하지만 국민에게 더 많은 돈을 내놓으라고 하기 전에 방송사는 스스로 먼저 방만하게 회사를 운영해온 부분은 없는지부터 따져봐야 합니다. 그래야 수신료를 올리더라도 인상 폭은 얼마가 합리적인지 정확한 계산이 나올 것입니다. 그리고 무엇보다 스스로가 공공성이라는 목표 아래 '수신료의 가치'를 지키기 위해 얼마나 노력하고 있는지 쉼 없는 반성을 해야 할 것입니다.

카카오톡은 우리나라에서 가장 많이 쓰는 모바일·PC 메신저 서비스입니다. 국내 이용자가 5,000만 명가량이라고 하니 스마트폰 이용자 대부분이 이를 사용하는 것이죠. 카카오에 따르면 하루 평균 카카오톡 메시지의 총 송수신 건수는 110억 건가량(2019년 4분기 기준)이라고 합니다. 1인당 매일 200여 건 정도 카카오톡 메시지를 주고받는 꼴입니다. 평균이라는 점을 고려하면 많이 쓰는 사람들은 하루 500건 이상 주고받는 경우도 허다할 것입니다.

이것이 다가 아닙니다. 꽤 많은 사람이 다른 메신저도 함께 사용합니다. 페메(페이스북 메신저)나 텔레그램, 라인, 인스타 디엠, 그리고 휴대전화 고유의 문자 메시지 기능까지 따지면 하루에 주고받는 메시지는 엄청난 양일 것입니다.

스마트폰과 모바일 메신저, SNS 같은 뉴미디어가 없다면 우리는 큰 불편을 겪게 됩니다. 이런 것들이 아예 없었던 시대에 살고 있다면 모르지만, 이미 이런 미디어들이 인간 사회에 던져준 메시지('미디어는 메시지'라는 말을 다시 떠올려보시길 바랍니다)를 받아본 우리로서는 과거로 돌아가기가 쉽지 않습니다. 요즘은 공공기관조차 각종 안내문을 모바일 메신저로 보내주는 세상이 되었습니다. 건강검진을 받아라, 운전 면허증을 갱신해라 등등 말이에요. 어떨 때는 메신저가 개인비서처럼 느껴지기도 합니다.

인터넷과 스마트폰 등 정보통신기술이 발전하면서 우리는 언제 어디서든 원할 때 다른 사람들과 연결될 수 있는 '초연결사회'에 살게 되었습니다. 과거에는 다른 마을에 사는 친구에게 편지 하나 보내기도 쉽지 않았지만, 이제는 해외에 사는 친구와도 물리적 거리를 뛰어넘어 거의 실시간으로 대화를 나눌 수 있습니다.

심지어 원한다면 전쟁터에 있는 병사와 연결하는 것도 가능합니다. 실제로 2022년 2월 발발한 러시아의 우크라이나 침공 전쟁에서는 현장을 개인 촬영 장비나 드론 등으로 찍어 유튜브로 생중계하기도 했습니다.[*]

그러나 초연결사회에서 사람들은 타인과 연결될수록 더 많은 외로움을 느끼게 됩니다. 한참을 서로 이야기한 것 같지만 사실 얼굴을 마주한 적은 몇 번 되지도 않고 상대방의 목소리조차 떠

▲ 스마트폰을 가득 채운 각종 SNS 어플리케이션들⟨출처: 픽사베이⟩

오르지 않는 경우가 허다하죠.

심지어 요즘 청소년과 청년 세대들은 '콜 포비아'를 호소하는 경우까지 있다고 합니다. 콜 포비아는 전화(call)와 공포(phobia)의 합성어로, 전화 통화를 두려워하는 심리상태를 뜻합니다. 메신저나 SNS를 통한 관계 형성과 소통에 익숙해지면서 젊은 세대가 실시간으로 말을 주고받는 대화에는 어려움을 겪게 된 것이죠. 서

> ◐ 전쟁 현장을 실시간으로 지켜본다는 것은 전쟁을 수행하는 군인처럼 목숨을 내놓는 일은 아니지만 그들 못지않은 엄청난 트라우마를 겪을 수 있는 위험이 있습니다. 절대 추천하지 않습니다.

로 만나 대화를 하는 것은 고사하고 전화조차 두렵다면 인간관계는 피상적으로 변해갈 수밖에 없습니다.

SNS는 한편으로 사람들에게 괜한 박탈감을 주기도 합니다. 다른 미디어가 그러하듯 SNS가 보여주는 누군가의 모습도 결국은 편집된 현실에 지나지 않는데 말이에요. 좋은 식당에서 맛있는 음식을 먹거나, 해외여행을 가거나, 좋은 선물을 받는 등, 각자의 삶에서 특별하고 소중한 순간만을 추려 담은 앨범이 SNS입니다. 본인의 SNS 계정에 부스스한 모습으로 양치질을 하거나, 바닥에 앉아 걸레질하거나, 빨래를 개키는 모습 따위의 진짜 일상을 올리는 경우는 드물죠.

그런 편집된 특별한 순간을 보며 시기, 질투를 반복하다 보면 외로움은 더 커지게 됩니다. 전혀 그럴 이유가 없는데 자존감이 떨어지기도 하죠. SNS에 올라오는 선택된 순간만으로 누구의 삶은 어떻다고 재단할 수는 없습니다. 그런 것들은 삶의 지극히 작은 부분에 지나지 않습니다.

또 사람의 생각과 감정은 문자로 주고받는 메신저 대화만으로는 알기가 쉽지 않습니다. 이모티콘이 아무리 다양해도 살아있는 인간의 표정과 몸짓에서 묻어나는 미묘한 분위기를 모두 담아낼 수는 없습니다. 사람의 진면목은 상대의 눈을 바라보고, 그 표정을 읽으며 이야기하고, 오랫동안 함께 먹고 놀고 부대끼는 과정에서 비로소 드러납니다. 미디어를 소통의 수단으로 활용하되,

그것이 만들어낸 편집된 환상에 매몰되지 않는 것, 그것이 진정한 인간관계의 기본일 것입니다.

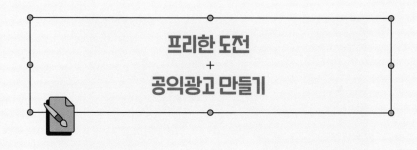

프리한 도전
+
공익광고 만들기

상업광고는 '자본주의의 꽃'으로서 기업 이윤 극대화에 결정적 역할을 합니다. 반면 공익광고는 특정 기업의 이익이 아니라 우리 사회 전체의 이익을 제고하고 구성원들이 더 살기 좋은 세상을 만드는 데 이바지합니다. 잘 만든 공익광고 한 편이 유력 정치인의 연설이나 시민단체 캠페인보다 더 큰 파급력을 발휘할 수도 있죠.

공익광고를 만드는 첫 번째 단계는 '주제 정하기'입니다. 크게 어떤 분야의 광고를 만들지 결정하는 단계입니다. 우리나라에서 흔히 다뤄지는 공익광고 주제는 금연, 비만 예방, 아동학대 방지, 학교폭력 퇴치, 환경 보호, 헌혈 독려, 대중교통 예절, 장애인식 개선, 동물 보호 등이 있습니다. 주제는 꼭 이것들로 한정할 필요

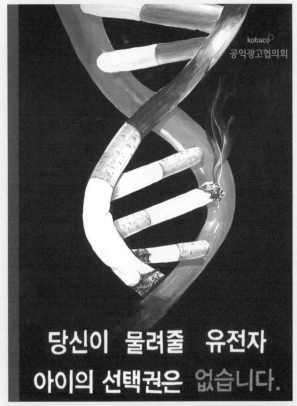

kobaco
공익광고협의회

당신이 물려줄 유전자
아이의 선택권은 없습니다.

▲ 금연의 위험성을 알리는 공익광고〈출처: 한국방송광고진흥공사〉

는 없습니다. 공공의 이익에 도움이 되는 것이라면 무엇이든 좋습니다.

두 번째 단계는 '매체 정하기'입니다. 신문이나 잡지 같은 인쇄 매체 광고라면 포스터 형식으로, TV나 유튜브 등 영상매체 광고라면 동영상으로, 인터넷 포털 광고라면 배너 형식으로 제작해

야겠죠. 광고는 형식에 따라 제작 기간과 비용은 물론 기획 단계의 접근 방식 자체도 달라집니다. 집에서 손쉽게 광고 제작을 실습해볼 요량이라면 인쇄 매체용 포스터를 염두에 두는 것이 좋습니다.

세 번째는 '메시지 정하기'입니다. 앞서 정한 주제에 대해 내가 대중들에게 하고 싶은 말을 구체적으로 정리하는 단계입니다. 금연이 주제라면 광고 메시지는 단순히 '담배를 끊읍시다' 외에도, 흡연의 폐해 및 금연의 장점을 강조하거나 효과적인 금연 방법을 제시하는 것도 가능합니다. 예를 들어 '담배를 피우면 수명이 줄어듭니다', '금연을 하면 활기찬 하루를 보낼 수 있습니다', '운동을 하면 담배를 효과적으로 줄일 수 있습니다' 같은 식으로 구체화하는 것입니다.

다음은 '표현 전략 정하기'입니다. 전파하려는 메시지를 어떻게 전략적으로 표현할 것인가 정하는 단계입니다. 광고 표현 전략은 크게는 이성적으로 접근해 사람들을 설득하는 방식과 감성적 표현으로 마음을 움직이는 방식으로 나눌 수 있습니다. 예를 들면 '담배를 피우면 수명이 줄어듭니다'라는 메시지는 흡연자의 평균 수명이 비흡연자보다 몇 년 더 짧은지 정보를 제시하는 방식도 가능하고, 담배를 폭탄의 도화선처럼 그려 사람들의 공포심을 자극하는 식으로 표현할 수도 있을 겁니다. 이 단계에서는 상당한 창의력과 예술적 감각이 필요합니다. 보통 광고는 여럿이

단계	할 일	내용
1단계	주제 정하기	금연
2단계	매체 정하기	인쇄매체용 포스터
3단계	메시지 정하기	흡연은 각종 질병을 일으켜 수명을 줄인다.
4단계	표현전략 정하기	흡연의 무서움을 강조하는 감성적 접근 담배를 도화선으로, 심장을 폭탄으로 표현 문구는 '이 도화선에 불을 붙이시겠습니까?'
5단계	광고 제작하기	종이에 시안을 그린 뒤 포토샵 프로그램으로 제작
6단계	평가하기	메시지는 분명한가 설득력이 있는가 표현에 문제는 없는가 등.

▲ 공익광고 만들기 예시

함께 만들기 때문에 이 단계에서는 여러 사람이 머릿속에서 떠오르는 대로 아이디어를 쏟아내는 브레인스토밍을 활용하기도 합니다.

표현 전략까지 정해졌다면 다음은 실제로 광고를 제작하는 단계입니다. 영상광고라면 촬영을 하고 편집을 하는 등 가장 많은 시간이 여기서 소요됩니다. 인쇄매체 광고는 포토샵 같은 이미지 제작 도구를 보통 활용하지만, 실습 목적이라면 종이에 펜으로 시안을 그려보는 것으로 충분합니다.

마지막은 '평가하기'입니다. 초안 형태로 완성된 광고를 대상으로 메시지는 적절한지, 표현은 잘 되었는지, 부족하거나 보완

할 부분은 없는지 등을 짚어보는 것입니다. 이때는 광고 제작에 참여하지 않은 사람들의 의견을 구하는 편이 좋습니다. 평가 과정을 제대로 거치지 않는다면 많은 시간과 비용을 들여 만든 광고가 많은 이들의 공감을 얻지 못하고 묻혀버릴 수도 있습니다.

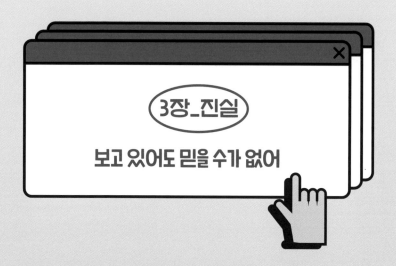

3장_진실

보고 있어도 믿을 수가 없어

세계 여러 문화권에는 저마다 나그네를 후하게 대접하는 풍습이 있습니다. 몽골인을 비롯한 유목민들은 나그네가 찾아들면 좋은 음식과 편한 잠자리를 제공하기로 유명하죠. 성경에는 나그네를 극진히 대접해 복을 받은 사람, 반대로 괴롭혀 벌을 받은 사람의 이야기가 담겨 있습니다. 우리나라에도 비슷한 옛날이야기가 많습니다.

지금 같은 미디어가 없던 시절, 먼길을 여행하는 나그네는 중요한 뉴스 공급원이었습니다. 주인은 나그네에게 음식을 대접하며 그가 지나온 이방 도시와 마을에 대한 따끈따끈한 소식을 들을 수 있었죠. TV도 신문도 없어 건너건너 소문에 기대어야 했던 사람들에게, 직접 보고 겪은 먼 곳의 사건을 이야기해주는 나그네는 참으로 반가운 손님이었을 것입니다.

지금 우리는 손바닥만 한 스마트폰으로 전 세계 방방곡곡의 소식을 들을 수 있습니다. 정치, 경제, 사회, 문화, 스포츠 등 분야도 가리지 않죠. 인터넷 커뮤니티와 블로그에서는 생면부지인 사람들의 다양하고 생생한 경험담도 접할 수 있습니다. 이제는 정보를 얻겠다는 생각으로 나그네를 환대하는 사람은 찾기 힘듭니다.

현대 사회에서 미디어는 정보 유통의 핵심적 역할을 합니다. 기자들은 나그네처럼 세상 곳곳으로 보내져 현장에서 벌어지는 일을 취재하여 사람들에게 전합니다. 뉴스는 대통령이나 유력 정치인의 결정, 세금 및 교육 정책의 변화, 날씨와 도로교통 소식까지, 우리 생활에 필요한 모든 정보를 담고 있습니다. 어릴 때 그토록 재미없어 보이던 뉴스를 성인이 되면 자연스럽게 챙겨보는 것도 이런 유용함 때문입니다.

특히 언론의 역할은 단순히 정보 전달에만 그치지 않습니다. 수집한 정보를 해석하고 이를 바탕으로 공동체의 중요한 결정에 대한 여론을 형성하는 역할도 합니다. 다수의 여론은 사회를 바꾸어나가는 동력으로 작용합니다. 민주주의 사회가 건강하게 운영되기 위해서는 건전한 언론이 필수입니다. 그래서 입법부, 사법부, 행정부 등 3부에 더해 언론을 '제4부'라고 부릅니다.

인간은 유한한 존재이기에 직접 듣고 보고 겪을 수 있는 일은 얼마 되지 않습니다. 대신 미디어를 통해 우리 사회 곳곳에서 벌

▲ 국회 소통관 앞 복도에 펼쳐져 있는 신문들(ⓒ강병철)

어지는 일을 보고 듣고, 또 그 일이 우리 사회에서 어떤 의미인
지 이해합니다. 사람들이 성숙한 시민으로서 의식을 형성하고 올
바른 가치관을 유지하는 데에 미디어가 핵심적인 역할을 하는

거죠.

그러나 신문과 TV에 나오는 것이 전부라고 생각해서는 곤란합니다. 다른 모든 미디어가 그러하듯 뉴스도 현실을 반영하되 있는 그대로를 모두 다루지는 않거든요. 뉴스가 전하는 현실도 결국은 기자들의 의도와 시각이 반영되어 불완전하고도 제한적으로 재구성된 '유사현실(pseudo environment)'에 지나지 않습니다.

흔히 언론을 '세상을 바라보는 창'에 비유합니다. 하지만 그 창이 마법의 구슬처럼 온 세상을 구석구석 비출 수 있는 것은 아닙니다. 예를 들어 산업재해로 인한 사망 사건은 우리나라에서 한 해 약 2,000건이 발생합니다. 평소처럼 출근해 일하다 사고로 죽어 퇴근하지 못하는 사람이 하루 5~6명씩이라는 얘기입니다. 그런데 언론이 주목하는 죽음은 그중 극히 일부뿐입니다. 뉴스에서 다루지 않으면 사람들은 그런 일상적인 죽음의 행렬이 이어지고 있다는 사실조차 알 수가 없습니다.

기자들은 처음 교육을 받을 때 항상 사회적 약자나 소수자를 보호하고, 그들의 목소리를 충실히 들어야 한다고 배웁니다. 권력자들은 언론이 아니어도 자신의 주장을 펼칠 수 있는 수단이 많습니다. 반면 그런 수단이 없는 사회적 약자들의 목소리를 언론마저 들어주지 않으면, 그들은 공동체의 중요한 결정에 의견을 낼 수 없는 것은 물론이고 시민이면 누구나 누려야 할 기본권마저 지키기 어려워집니다.

그러면 기자들은 과연 배운 대로 일하고 있을까요? 안타깝지만 많은 경우 그렇지 않습니다. 그랬다면 애당초 '기레기' 같은 표현이 널리 퍼지지도 않았겠죠. 기자들은 일상적으로 소외계층보다는 권력자와 그들에게 봉사하는 지식인 계층을 더 자주 만납니다. 또 조금씩 차이는 있지만, 영향력이 큰 주요 매체 기자들의 상당수는 그들 자신이 높은 학력을 자랑하며 경제적으로는 중산층에 속해 있죠. 이 같은 기자들의 사회적 지위는 알게 모르게 뉴스 제작에도 영향을 미칩니다.

뉴스는 사회를 조망하는 유용한 수단이지만 맹목적 신뢰의 대상일 수는 없습니다. 세상을 바라보는 창을 언론으로 한정해둘 이유도 없습니다. 뉴스를 비판적으로 수용하며 또 공동체에 대해 알아가는 다양한 방법을 고민하고 찾을 때, 비로소 세상을 바라보는 시야도 더 넓어질 것입니다.

[단독] 윤석열 대통령, 용산 벙커에서 첫 직무 시작한다(서울신문 2022년 5월 9일)

[단독] 삼성전자 온실가스 감축 종합 목표, 처음 내놓는다(머니투데이 2022년 3월 24일)

[단독] "나의 우상, 나의 뮤즈"…지디♥제니, 비밀 데이트 포착(디스패치 2021년 2월 24일)

[단독] 표시가 붙은 기사에는 자연스럽게 시선이 쏠립니다. 친구가 보내준 단독 기사 링크는 내용도 읽어보지 않은 채 얼른 다른 친구에게 전달하기도 하죠. 기사 가치를 정확히 알 길은 없지

▲ 대한민국에는 하루에도 수많은 '[단독]'이 쏟아진다. 네이버 뉴스에서 [단독]으로 검
색한 모습(2022년 8월 6일).

만 이런 기사에는 수많은 댓글이 붙는 등 대중의 관심도 뜨겁습
니다. 그런데 '단독'이란 대체 어떤 기사를 의미하는 것일까요?

단독 기사는 다른 매체에서 다루지 않은 사실을 가장 먼저 취
재해 보도한 기사를 뜻합니다. 정치나 경제, 사회, 연예 등 분야
를 따지지 않고 기자가 활동하는 곳이라면 어디서든 단독 기사가
나올 수 있습니다. 기자라면 누구나 의미 있는 단독 기사를 쓰고
자 상당한 노력을 쏟아붓죠.

비슷한 의미로 '특종'이라는 단어도 쓰입니다. 언론계에서 이

단어는 단독 기사 중에서도 파급력이 컸던 기사를 사후에 평가할 때 보통 사용합니다. 단독 보도가 시간이 조금 지난 뒤에 특종 수준으로 인정받아 '특종상'을 받을 수 있지만, 흔히 기자들이 기사를 보도하는 과정에서 '[특종]'이라고 문패를 내걸지는 않습니다.

자연스럽게 이런 의문이 들 수 있습니다. 새로운 사실을 취재·보도하는 것이 기자의 일상적 업무인데 어떤 기사가 단독이라면 나머지 기사는 뭘까? 단독이 아니면 집단으로 기사를 쓴다는 말인가? 이런 물음은 우리나라 언론 환경을 이해하기 위한 중요한 출발점이 될 수 있습니다.

단독이란 표현은 우선 우리 언론의 '출입처 문화'와 밀접한 관계가 있습니다. 기자는 상대적으로 업무의 자율성이 높은 직종이지만, 그렇다고 기자 마음대로 아무 대상이나 취재하고 보도하는 것은 아닙니다. 기자들도 정치부, 사회부, 경제부, 국제부, 문화부 등 특정 부서에 소속되어 있으며 그에 따라 정해진 분야에서 취재 활동을 합니다. 세부적인 구분이나 부서명은 다를 수 있으나 방송이나 신문 등 언론의 종류를 불문하고 똑같이 적용되는 시스템입니다.

그리고 각 기자는 자신의 출입처를 배당받습니다. 보통 회사원들은 회사로 출근해 일을 하지만 기자들은 회사가 아니라 자신의 출입처로 출근해 일을 합니다. 기자들이 매일 출퇴근하며 취재·보도 활동을 하도록 할당된 정부 부처나 공공기관, 기업 등이 바로 출입처입니다. 정치부 국회팀이라면 국민의힘이나 더불어민주당, 정의당 같은 정당이, 사회부 법조팀이라면 검찰청, 법원, 변호사 단체 등이 출입처가 됩니다. 경제부와 산업부 기자들은 기획재정부, 국세청, 또는 각 산업 분야의 주요 기업으로 나가고, 스포츠를 담당하는 기자들은 대한축구협회, 대한민국농구협회 등으로 출근하죠. 각 출입처 기자실에는 여러 매체의 소속 기자들이 모여 함께 취재 활동을 합니다. 이들을 '출입기자단'이라 부르죠.

출입기자들은 출입처에서 일하는 사람들을 상시 접촉해 취재하고, 출입처의 주요 발표 사항을 정리한 보도자료를 받아 봅니다. 각 출입처에서 일하며 기자들의 취재 대상이 되는 사람들을 취재원이라고 합니다. 정치인과 법조인, 공무원, 기업인, 시민단체 관계자, 문화예술인, 심지어 노숙인 등 기자들이 만나는 사람이라면 누구나 취재원이 될 수 있습니다.

출입처 제도가 있기에 기자들은 평범한 시민들이 평소에 관심을 가지지 않는 기관에도 매일 출근하며 그곳에서 벌어지는 일을 감시합니다. 한 출입처를 오래 나간 기자들은 취재원이나 해당 분야 전문가 못지않은 식견을 갖추기도 하죠. 이런 것들은 출입처 제도의 장점이라고 할 수 있습니다.

그러나 이 제도는 부작용도 상당히 큽니다. 이슈가 많은 출입처에서는 하부에도 여러 건의 보도자료가 쏟아지는데 여기에 매몰되어 발표 자료만 받아쓰다 보면* 기자들은 조금씩 '야성'을 잃게 되거든요. 이런 매너리즘의 틈을 비집고 기자가 스스로 새로운 사실을 하나라도 확인해서 쓴 기사에 붙이는 수식어가 바로 '단독'입니다.

근래 이 표현이 널리 쓰이는 데에는 인터넷 중심의 뉴스 유통 환경도 한몫했습니다. 뉴스가 새벽에 배달되던 조간신문과 저녁 9시 뉴스를 중심으로 유통되었던 과거에도 단독 기사는 당연히 존재했습니다. 하지만 신문 지면에는 '[단독]' 같은 문구를 넣지 않았죠. 인터넷이 발달하고 뉴스 유통이 모바일을 중심으로 이뤄지면서 언론사들은 경쟁적으로 이 문구를 쓰기 시작했습니다. 비슷한 기사들이 수십 건씩 쏟아지는 뉴스의 홍수 시대에 독자들의 시선을 끌기에 이것만큼 좋은 도구가 없었기 때문입니다.

요즘 쏟아지는 [단독]은 가끔 사회적 파급력이 큰 것도 있지만 대부분은 소소한 한두 개 사실만을 새로 담은 수준입니다. 기자의 치열한 취재가 아니고서는 밝혀지지 않았을 또는 한참 동안 은폐되었을 진실이 아니라, 누가 알든 모르든 크게 의미가 없는 사실에 [단독]을 붙인 것들이 상당수입니다. 또 몇 시간 뒤, 심지어 몇 분 뒤면 발표될 사실을 조금 앞서 보도하는 이른바 '시간

＊ 이런 행태를 '발표 저널리즘'이라고 합니다.

차 단독' 기사들도 수두룩합니다. 이 같은 인터넷 속보 경쟁은 건전한 언론 환경을 망가뜨리는 주범 중 하나입니다.

물론 파급력이 크든 작든 새로운 사실을 발굴해 보도한다는 것은 기자의 중요한 덕목입니다. 하지만 쏟아지는 [단독]의 홍수는 오히려 시민들의 판단력을 흐리게 합니다. 무엇이 중요하고 어떤 의미가 있는지 도통 알 수가 없게 만들어버리죠.

단독 기사를 만났을 때는 이 기자가 새로 확인한 한두 줄의 사실이 과연 우리 사회 또는 내 삶에 얼마나 큰 영향을 미치는지 한 번쯤 생각해볼 필요가 있습니다. 기사 링크를 퍼 나르는 일은 그다음에 해도 늦지 않습니다.

작가 공지영의 동명 소설을 원작으로 한 황동혁 감독의 영화 〈도 가니〉(2011년 작)는 2000~2004년 광주인화학교에서 벌어졌던 교 장과 교직원의 장애아동 성폭력 사건을 다뤘습니다. 이 사건은 애초 한 교직원의 폭로로 세상에 알려져 경찰이 수사했지만 일부 가해자만이, 그것도 징역형 집행유예 등 비교적 약한 처벌을 받 고 일단락이 되었습니다.

　2011년에 영화 〈도가니〉로 이 사건이 재조명되고 여론의 공분 이 일면서 급기야 경찰은 그해 특별수사팀을 꾸려 재수사에 나섰 습니다. 그 결과 처음 수사에서 무혐의 처분을 받았던 한 교직원 은 대법원에서 징역 8년을 확정받았습니다. 국회에서는 아동·청 소년 대상 성폭력 범죄에 대한 처벌을 강화하는 내용의 이른바

'도가니법'(성폭력범죄의 처벌 등에 관한 특례법 개정안)도 처리되었죠. 소설은 소설대로, 영화는 영화대로 각 미디어의 특성을 잘 살려 사람들의 마음을 움직였기 때문에 이런 결과를 끌어낼 수 있었던 것입니다.

공동체의 어떤 현안에 대한 대중들의 의견을 '여론(輿論, public opinion)'이라고 합니다. 미디어는 여론 형성에 지대한 역할을 하죠. 사회 구성원들이 서로 논의할 주제인 어젠다(의제, agenda)가 미디어를 통해 던져지고, 이에 대한 다양한 의견을 교환하는 과정에서 해당 이슈에 대한 여론이 형성됩니다. 그리고 이렇게 형성된 여론은 사회 변화를 이끄는 원동력이 됩니다. 영화 〈도가니〉가 장애아동 성폭력 문제를 꺼내고 이후 언론에서 솜방망이 처벌 문제를 제기하자 국회가 도가니법을 만들고 경찰은 재수사에 나선 것처럼요.

공동체에 중요한 결정을 내리는 정치인들은 여론에 민감합니다. 주권을 가진 시민들의 폭넓은 지지가 곧 자산인 정치인들이 다수 여론을 등지는 결정을 하기는 쉽지 않습니다. 여론의 지지 없이 새로운 일을 마구 추진하기도 어렵죠. 이 때문에 새로운 법을 만들고 정책을 추진할 때는 언론을 통해 공개적으로 추진 계획을 밝히고, 전문가 토론회를 열고, 또 간담회를 개최하여 이해당사자들의 의견을 듣는 등 여론을 조성하고 확인하는 작업을 합니다.

한국갤럽 데일리 오피니언

제506호 2022년 8월 1주
대통령 직무 수행 평가, 긍·부정 평가 이유 | 정당 지지도 |
동물에게 생명체 법적 권리 부여, 과학계 동물실험, 개 식용 관련 시각, 최근 1년간 개 식용 경험, 동물 감정 인식

조사 개요

- 조사기간: 2022년 8월 2~4일
- 표본추출: 무선전화 RDD 표본 프레임에서 무작위 추출(유선전화 RDD 10% 포함)
- 응답방식: 전화조사원 인터뷰
- 조사대상: 전국 만 18세 이상 1,001명
- 표본오차: ±3.1%포인트(95% 신뢰수준) - 주요 지표 표준오차·신뢰구간·상대표준오차 제시
- 응답률: 11.7%(총 통화 8,539명 중 1,001명 응답 완료)
- 의뢰처: 한국갤럽 자체 조사

▲ 우리나라 대표적인 여론조사 기관인 한국갤럽이 실시한 한 여론조사의 개요. 응답율이 11.7%라고 명시되어 있다. 모든 여론조사는 이 같은 정보를 표시해야 한다.

그러나 여론은 사실 정확한 실체를 파악하기 힘듭니다. 여론을 주도하는 사람들을 '오피니언 리더'라고 부르는데 여론 형성 과정에는 이들의 목소리가 과도하게 반영될 수밖에 없습니다. 공적 사안에 대해 목소리를 내지 않는 '침묵하는 다수'나 또는 내고 싶어도 낼 수 없는 사람들의 의견은 여론에 거의 반영되지 않습니다. 이 때문에 여론 수렴 과정에서 도리어 문제의식을 느끼는 이해 당사자들의 의견이 묻히기도 합니다. 여론의 '사각지대'가 발생하는 것이죠.

그러므로 우리 사회에 꼭 필요하거나 큰 변화를 가져오는 중요한 정책을 결정하고 새로운 법을 만들 때는 충분히 시간을 두고,

차분한 분위기에서 성숙한 토론을 이어가며, 최대한 다양한 계층의 의견을 수렴하는 등 합리적으로 여론을 조성해야 합니다.

하지만 현실은 그렇지 않습니다. 몇몇 여론 주도층이 이끄는 대로, 끓어오른 여론에 따라 중요한 결정이 순식간에 내려지는 경우가 비일비재합니다. 이렇게 만든 정책이나 법은 부작용이 클 수밖에 없죠.

'네이밍(naming) 법안'을 그런 예로 들 수 있겠습니다. 어떤 사건의 가해자나 피해자의 이름을 따서 앞으로는 그와 같은 일이 일어나지 않도록 대책을 담은 법안을 네이밍 법안이라고 합니다. 음주운전 차량에 치여 사망한 20대 윤창호 씨를 기리며 음주운전에 대한 처벌을 대폭 강화한 '윤창호법', 어린이보호구역(스쿨존)에서 교통사고로 사망한 어린이 김민식(당시 9세) 군의 이름을 따 스쿨존 교통사고가 발생하면 운전자를 최고 무기징역에 처하도록 한 '민식이법' 등이 대표적입니다.

이런 법안들은 여론의 공분에 기대어 일사천리로 추진되는 경향이 강합니다. 하지만 윤창호법은 2022년 결국 헌법재판소에서 위헌 결정을 받아 무효가 되었습니다. 음주운전 사고 예방은 당연히 중요하나 법에 명확하지 않은 부분이 있고 처벌이 과도하여 헌법 정신에 어긋난다는 이유였습니다. 민식이법도 비슷한 이유로 시행 2년 만에 재개정 논의가 시작되었고 헌법재판까지 갔다가 2023년 2월에 합헌 결정을 받았습니다. 애초에 좀 더 차분하고 치밀하게 내책을 만들었다면 좋았을 것을, 부작용을 한참 겪은 뒤에야 뒤늦게 수습에 나선 셈입니다.

여론을 객관적 수치로 측정하는 수단인 여론조사도 맹목적으로 믿을 수는 없습니다. "대통령 지지율이 50%라는데 내 주변에는 대통령 좋다는 사람은 한 명도 없어"라고 말하는 사람들이 종종 있습니다. 당연한 얘기입니다.

사람들의 관심도가 비교적 높은 대선 주자 관련 여론조사도 응답률은 10%대입니다. 이것도 사람이 전화를 걸어서 일일이 질문하는 전화면접(CATI)의 경우이고, 기계가 질문하는 자동응답(ARS) 방식은 응답률이 한 자릿수입니다. 여론조사가 보여주는 수치는 이런 종류의 설문에 적극적으로 참여하는 정치 고(高)관여층의 의견만을 취합한 결과라는 뜻입니다. 그러니 여론조사 결과와 우리 주변에 있는 평범한 사람들 사이 여론은 차이가 있을 수밖에 없습니다.

어떤 학자들은 심지어 여론조사는 조작이라고 말하기도 합니다. 여론조사는 같은 주제로 묻더라도 질문 방식과 설문 문항을 어떻게 설계하느냐에 따라 얼마든지 다른 결론이 나올 수 있습니다. 토씨 하나 틀리지 않는 똑같은 여론조사를 오늘 할 때와 1년 뒤 할 때도 전혀 다른 결과가 나오죠. 우리 사회를 바꾸는 중요한 결정을 해야 할 때, 여론조사에만 기대어서는 안 되는 이유입니다.

여론은 사회 변화의 원동력이 되기에 주의 깊게 살펴야 합니다. 하지만 순식간에 끓어오른 여론은 무책임하고 잘못된 결과만 남길 수도 있습니다. 또 성난 여론은 자주 폭력성을 띠며 반대 의견을 말하는 소수를 공격하기도 합니다. 그런 공격이 남긴 상처는 한참 동안 치유할 수 없는 상처를 사회 구성원들에게 남기죠.

거대한 여론이 일기 시작할 때 무작정 그 흐름에 편승하는 것을 흔히 '선동당했다'라고 표현합니다. 어떤 의제가 던져졌을 때는 냉정하게 다양한 의견을 검토해보고 자기 생각을 정리하는 편이 낫습니다. 그리고 다른 사람들이 놓치고 있는 점은 없는지 한 번 더 고민하는 습관을 들인다면 괜한 선동을 당해 불필요한 감정과 에너지를 소모하는 일이 줄어들 것입니다.

대한민국에도 코로나19 바이러스가 막 퍼지기 시작할 무렵인 2020년 초, 경기도의 한 교회에서 집단감염이 발생했습니다. 교회 운영자들이 분무기에 담은 소금물을 신자들의 입에 차례차례 뿌린 것이 화근이었습니다. 소독도 제대로 하지 않은 분무기가 마스크를 벗은 사람들의 입안을 옮겨 다닌 거죠. 코로나19에 대한 정보가 많지 않았던 시절, '소금물이 바이러스 퇴치에 효험이 있다'라는 가짜뉴스를 믿고 그런 일을 저지른 것이었습니다.

한국언론학회와 한국언론진흥재단은 가짜뉴스를 '정치·경제적 이익을 위해 의도적으로 언론보도 형식으로 퍼뜨린 거짓 정보'라고 정의합니다. 가짜뉴스라는 단어는 도널드 트럼프 대통령이 당선된 미국의 45대 대선에서 널리 쓰였던 영어단어 'fake news'를 번역한 것입니다. 학계나 언론계에서는 이보다는 좀 더 정확한 뜻을 담은 '허위조작정보(disinformation)'라는 표현을 쓰자고 제안합니다.

한국언론진흥재단이 펴낸 '한국의 언론인 2019' 보고서에 따르면, 현직 언론인들은 여러 유형의 잘못된 콘텐츠 가운데에서도 허위조작정보를 가장 심각한 문제로 인식하는 것으로 나타났습니다. 심각성을 평가하는 5점 척도의 조사에서 허위조작정보는 4.36점으로 가장 높은 점수를 받았습니다. 그다음이 낚시성 기사(4.33점), 어뷰징 기사(4.31점), 언론사의 오보(4.27점) 등이었습니다.

낚시성 기사는 독자들의 클릭을 유발할 목적으로 자극적인 제목이나 섬네일을 붙인 기사를, 어뷰징(abusing) 기사는 이슈로 떠오른 키워드를 넣어서 비슷한 내용을 반복적으로 송출하는 기사를 뜻합니다. 둘 다 인터넷 공간에서 흔히 볼 수 있는 질 나쁜 기사인데, 기자들은 이런 것들보다 허위조작정보가 더 심각한 문제를 일으킨다고 보는 것이죠. 우선순위는 조금 다를 수 있겠지만 평범한 시민들도 가짜뉴스의 심각성에 대해서는 이견이 없을 것입니다.

가짜뉴스는 유형도 다양합니다. 제목부터 본문 형식, 기자의 이름과 이메일 주소가 적힌 바이라인(by-line)까지 기성 언론사 기사 형식을 그대로 흉내 낸 날조 기사, 기사를 가장해 제품 등을 홍보하는 광고 기사, 카카오톡 등으로 퍼지는 메모 형식의 지라시 등이 대표적입니다. 요즘은 또 포토샵으로 편집·합성한 조작 사진은 물론 딥페이크(deep fake) 기술을 활용한 합성 동영상까지 제작됩니다. 미디어 기술이 진보하면서 사람을 속이는 가짜뉴스 기술까지 더불어 발전한 셈입니다.

가짜뉴스의 정의에서 보듯, 가짜뉴스는 주로 정치적, 경제적 이익을 목적으로 제작·유포됩니다. 정치적 이익은 공동체의 의사결정 과정을 특정 세력에 유리한 형태로 왜곡하거나 반대 진영의 신뢰도를 떨어뜨리는 것 등을 말합니다. 경제적 이익은 돈이죠. 특히 유튜버 중에는 사람들이 흥분할 만한 소재라면 진실 여부와 상관없이 자극적 콘텐츠부터 만들고 보는 경우가 적지 않습니다. 언론과 달리 사실 확인과 객관적 보도에 대한 아무런 책임이 없으니 사람들이 몰리는 소재라면 가짜뉴스든 뭐든 상관없다는 것이죠.

가짜뉴스는 진짜 뉴스보다 훨씬 파격적이고 자극적인 내용이 많습니다. 실제로 일어나기 힘든 일들을 거짓으로 꾸몄기 때문에 사람들의 시선을 단숨에 끄는 것입니다. 이런 가짜뉴스들은 흔히 '[단독]' 문패를 달고 SNS를 통해 빠른 속도로 퍼져나갑니다.

가짜뉴스에 속지 않도록 꼭 지켜야 할 원칙이 있습니다. 바로 '의심하고 확인하자'입니다. 친구가 보내준 단독 기사 링크의 내용도 곧이곧대로 믿지 말고 일단 의심부터 해보세요. 그리고 기사에 분명한 출처가 달려 있는지, 그런 이름의 매체나 기자가 실제로 존재하는지 확인해보길 바랍니다. 또 다른 매체에도 관련 보도가 있는지 교차 점검을 해야 합니다. 알 만한 기성 매체 어느 곳에서도 다루지 않은 뉴스라면 아무래도 쉽게 믿기가 어렵습니다.*

가짜뉴스에 대한 좀 더 깊이 있는 이해를 원한다면 『슬기로운 뉴스읽기』(푸른들녁, 2021)를 읽어보길 권합니다.

문제투성이 가짜뉴스를 그냥 두어도 괜찮을까요? 더는 피해 보는 사람들이 없도록 뭔가 해법을 마련해야 하지 않을까요? 물론입니다. 우리나라에서도 국회나 학계, 언론계에는 가짜뉴스 문제 해결을 위한 다양한 해법이 논의되고 있습니다.

다만 지금까지 전면적으로 도입하자며 사회적 합의를 이룬 해법은 그리 많지 않습니다. 법을 만드는 국회에서는 가장 기초적 논의인 허위조작정보의 정의와 범위를 두고도 여야가 의견 일치를 보지 못하는 상황이거든요. 무엇을 허위조작정보로 볼지도 정해지지 않았으니 여기에 어떤 규제를 가할지는 논의조차 할 수가 없는 것입니다.

주로 논의되는 해법은 접근 방식에 따라 크게 몇 가지로 나눌 수 있습니다. 첫 번째는 '처벌 강화'입니다. 가짜뉴스를 만들고 퍼뜨리는 자들에게 엄벌을 처하는 내용의 가짜뉴스 방지법을 만들자는 것입니다. 하지만 처벌 강화는 표현의 자유를 억압할 수 있다는 우려 때문에 합의점을 찾지 못하고 있습니다.

두 번째는 '책임 강화'입니다. 페이스북이나 트위터, 유튜브, 네이버 같은 정보통신 서비스 사업자에게 가짜뉴스 유통 방지에 대한 책임을 묻자는 것입니다. 이에 페이스북 등은 모니터링 인력을 확대하는 등 자발적인 해결책을 내놓기도 했습니다. 그러나 정보 유통으로 돈을 버는 사업자들에게 이를 적극적으로 통제하라고 지시하는 것은 어불성설입니다.

세 번째는 '역량 강화'입니다. 뉴스와 미디어에 대한 사람들의 이해 수준이 높아지면 가짜뉴스의 확산도, 그에 따른 피해도 줄일 수 있다는 것입니다. 특히 지금 자라나는 청소년들은 일찍부터 다양한 미디어를 접하기에 미디어 리터러시 교육의 필요성은 더욱 커졌습니다. 근원적 해결이 어렵다고 해도 미디어 소비자의 역량 강화가 필요하다는 점은 전문가들도 대부분 동의합니다.

여기에 하나 더, 가짜뉴스 피해를 막기 위한 기자들의 싸움 '팩트체크(fact check)'가 있습니다. 팩트체크는 사람들 사이 회자 되는 풍문이나 누군가의 주장이 사실인지 아닌지 점검하는 언론의 취재·보도 활동을 말합니다. 주로 정치인의 발언이나 SNS를 통해 퍼지는 소문 등이 팩트체크 대상입니다. 2020년부터는 코로나

▲ 미국 주간지 《타임(time)》의 창간호(1920년 3월) 표지. 당시 표지 인물
은 미 공화당 하원 의원인 조셉 캐논이었다.

19가 전 세계에 퍼지면서 과학 및 의학 분야 팩트체크가 유행하
기도 했죠.

　팩트체크는 1920년대 미국《타임(Time)》지가 기사의 오류를 확
인하는 팩트체커를 고용하고 사실 여부를 상시 점검한 것에서 그
기원을 찾습니다. 지금 같은 방식의 팩트체크는 1990년대 미국
대선 과정에서 발전했죠. 지금처럼 그때도 정치인들의 선동적인

거짓말은 언론의 주요한 점검 대상이었습니다. 1992년 대선에서 CNN의 브룩스 잭슨 기자가 대선 캠프의 정치광고를 검증하는 '애드워치'를 운영한 것이 지금과 같은 팩트체크의 시작입니다.

기자들은 2015년 국제팩트체킹네트워크(ICFN)를 설립하고 팩트체크를 위한 국제적 공조도 모색하고 있습니다. 서로 관련 정보와 기술을 교환하고, 코로나19 같은 전 세계적 이슈에 공동 대응하며, 진실을 추구하는 언론의 임무를 되새기는 각종 행사도 개최합니다. ICFN은 만우절 다음 날인 4월 2일로 '국제팩트체킹의 날'로 기념하죠. 우리나라에서는 JTBC가 이 단체에서 회원사 인증을 받았습니다.

국내에서는 JTBC가 한때 메인뉴스에 고정 코너를 운영하면서 팩트체크가 널리 알려졌습니다. 사실 JTBC뿐 아니라 어느 정도 규모가 있는 지상파 방송사와 종합일간지* 등은 대부분 팩트체크 활동을 하고 있죠. 서울대 언론정보연구소가 국내 31개 언론

> 특정 분야에 한정하지 않고 정치, 경제, 사회, 문화, 스포츠 등 분야를 종합적으로 다루는 신문을 뜻합니다. 흔히 이름이 알려진 신문사들은 대부분 종합일간지입니다. 《경향신문》, 《국민일보》, 《동아일보》, 《문화일보》, 《서울신문》, 《세계일보》, 《조선일보》, 《중앙일보》, 《한겨레신문》, 《한국일보》를 우리나라 10대 종합일간지라고 부릅니다. 반면 경제 분야를 주로 다루는 《매일경제》, 《한국경제》 등은 '경제지'라고 합니다. 스포츠를 전문적으로 다루는 신문은 스포츠신문이라 하고요.

사와 협업해 운영하는 SNU팩트체크(factcheck.snu.ac.kr)나 한국기자협회, 한국방송기자연합회 등이 출자한 팩트체크넷(factchecker. or.kr)을 방문하면 주요 이슈에 대한 팩트체크 결과와 함께 팩트체크에 관한 다양한 정보를 얻을 수 있습니다.

기자들은 주로 당사자나 전문가를 만나고 공신력 있는 자료를 비교 분석하는 등 발품을 팔아 사실 여부를 확인합니다. 해외에서는 아직 초보적 단계이지만 AI 기술을 활용하는 방법도 개발되고 있죠. 예를 들어 어떤 정치인이 "우리 당이 집권한 2010년 이후에 실업률은 10% 이상 내려갔습니다"라고 발언하면, AI가 즉시 통계청 자료 등을 수집·분석해 사실 여부를 밝혀주는 방식입니다. 이 기술이 극도로 발전한다면 TV 대선 토론이 벌어질 때 화면 한쪽에 실시간으로 후보자들의 발언을 검증한 결과를 띄울 수도 있을 것입니다.

팩트체크는 미디어 환경이 모바일 중심으로 바뀌고 가짜뉴스가 활개를 치면서 언론이 힘을 쏟아야 할 가치 있는 보도 활동으로 높이 평가받고 있습니다. 사실 확인을 통해 진실을 추구하는 것이 본래 기자들의 역할이니, 팩트체크는 언론의 본질과도 닮은 면이 많습니다.

다만 여기에도 문제점은 있습니다. 팩트체크 대상을 정하고 검증하는 과정에서는 이를 수행하는 기자의 이념적 지향이나 정치적 의도가 종종 잘못된 영향을 미치기도 합니다. 이 때문에 심할

때는 같은 주제로 팩트체크를 수행하고서 다른 결론을 내놓기도
하죠. 기자들의 노력과 반성이 절실히 필요한 부분입니다.

디지털 미디어가 보편화한 이후 많은 사람이 'F자형 읽기 습관'을 가지게 되었다고 합니다. 인터넷 공간에서 기사나 게시글을 읽을 때 제목과 본문 첫줄 정도만을 읽어본 뒤 빠르게 아래쪽으로 스크롤을 내리는 주마간산 식의 독법을 말합니다.

그 질주 끝에 시선이 머무는 곳은 댓글 창입니다. 그곳에는 본문에 대한 평가와 더불어 네티즌 사이에 치열한 논쟁이 벌어집니다. 때로는 본문이 놓친 부실한 사실을 보완해주는 글도 올라오죠. 시민들이 직접 자기 목소리를 내고 우리 사회 여론 형성에 참여하는 곳을 광장이라고 한다면, 댓글 창은 인터넷 공간에만 존재하는 가상의 광장이라고 할 수 있습니다.

그곳에서는 익명으로 정체를 가린 시민들의 연설과 토론, 또

▲ 2022년 광복절 집회 당시 서울 광화문광장과 서울광장 사이 세종대로를 가득 메운 시민들(ⓒ강병철)

집회가 벌어집니다. 진짜 광장에서 사람들이 피켓을 들고 공동체의 현안에 대해 목소리를 내는 것과 비슷한 모습입니다. 가상의 광장에서 사람들은 그저 '좋아요'와 '싫어요' 버튼을 클릭하는 것만으로 찬성/반대 의견에 힘을 실어줄 수 있습니다. 이른바 '댓글 여론'은 이제 유력 정치인도 쉽게 무시할 수가 없습니다.

여론조사의 결과를 절대적으로 신뢰할 수 없는 것처럼, 사실 댓글 여론도 실체는 불분명합니다. 하지만 대세에 편승해야만 마음이 편해지는 나약한 심성 탓에 대중에게는 댓글 여론이라는

'밴드웨건'을 무시하지 못하는 경향이 있습니다. 대세처럼 보이는 의견에는 적극적으로 반대 의견을 밝히기가 쉽지 않아 침묵하거나, 때로는 자기 생각을 아예 고쳐먹기도 하죠.

이런 식으로 왜곡된 사람들의 현실 인식은 공동체를 위한 중요한 결정에도 큰 영향을 미칩니다. 이명박 정부의 '국가정보원 댓글 조작 사건', 18대 대선 박근혜 후보 지지 세력의 '십자군 알바단(십알단) 사건', 19대 대선 문재인 후보 측의 '드루킹 여론조작 사건'처럼 선거를 앞두고 댓글 조작이 반복해서 벌어지는 것도 이런 이유 때문입니다.

댓글은 정치·사회적 현안뿐 아니라 각종 콘텐츠 제작에도 직접적인 영향을 미칩니다. 뉴스뿐 아니라 인터넷 공간의 각종 게시글, 유튜브 동영상, 웹툰 등 모든 종류의 온라인 콘텐츠를 유통하는 플랫폼에는 따로 댓글 창이 마련되어 있습니다. 콘텐츠 제작자들은 댓글에서 영감을 얻고 댓글 여론을 고려해 작품의 스토리를 손보기도 합니다. 콘텐츠 제작자에게 댓글 창은 소비자들의 반응을 즉각적으로 확인할 수 있는 소중한 공간이죠. 본문 콘텐츠를 뺨칠 정도로 재미난 '댓글러'들이 많이 등장하면서 요즘은 댓글 자체가 하나의 콘텐츠로 취급받기도 합니다.

네이버는 2022년 4월 '댓글 팔로우' 기능을 도입했습니다. 네이버 뉴스 댓글 창에 쏟아지는 댓글은 하루 평균 50만 개 정도라고 합니다. 한번 봤던 흥미로운 댓글의 작성자를 다시 만날 가능성은 크지 않죠. 댓글 팔로우란 언론사 기자나 유튜버를 팔로우하듯 센스 넘치는 댓글러를 팔로우하면 그가 작성한 댓글을 우선 확인할 수 있도록 한 기능입니다. 익명으로 활동하지만 일련의 댓글을 써내는 댓글러를 개성을 지닌 콘텐츠 제작자라는 측면에서 바라보기 시작한 것입니다.

실제로 센스 만점의 댓글이 원 콘텐츠를 더 빛나게 만든 사례도 적지 않습니다. 해체 직전까지 갔다가 공연 영상에 달린 댓글을 모은 유튜브 영상이 화제를 모으며 '역주행'을 했던 걸그룹 브레이브걸스가 그런 경우입니다.

그러나 모두 잘 알고 있는 것처럼 댓글은 긍정적 효과만 있는 것이 아닙니다. 악의적으로 비방과 욕설, 명예훼손을 일삼는 '악플'(악성 댓글)은 사회적 문제로 다뤄진 지 오래입니다. 악플 탓에 극단적 선택을 한 연예인, 인플루언서, 스포츠 스타들의 행렬은 매년 이어집니다. 이에 포털 다음은 2019년 10월, 네이버는 이듬해인 2020년 3월에 연예 뉴스 댓글을 폐지하기도 했습니다.

경찰청에 따르면 사이버 명예훼손 및 모욕죄 같은 악플 관련 범죄 건수는 2020년에 1만 9,000건이 넘었습니다. 그전까지 1만 5,000~6,000건 정도였다가 코로나19로 야외 활동이 줄어들면서 악플 범죄가 폭증한 것이죠.

그렇다면 이 중 죗값을 치르는 비중은 얼마나 될까요? 같은 통계를 보면 악플 범죄 검거율은 70% 안팎에 달합니다. 익명으로 범죄를 저지른다는 점을 고려하면 상당히 높은 수치입니다. 방한구석에서 그저 재미로, 또는 순간 욱하는 마음에 내지른 악플이 자칫하면 나를 감옥으로 끌고 갈 수도 있다는 얘기입니다. 사람 대 사람으로 서로 마주 보며 입에 담을 수 없는 말은 댓글로도 달아서는 안 되는 것입니다.

댓글이 야기하는 문제는 악플 외에도 많습니다. 댓글은 기본적으로 본문에 대한 반응입니다. 하지만 본문은 제대로 읽지 않고 남이 달아둔 댓글에 맞장구만 치다 보면, 어떤 사안에 대해 스스로 고민한 뒤 자기 생각을 표현하는 일이 어려워집니다. 두 시간 동안 영화를 보고서 다양한 생각과 느낌을 말하는 사람이 있는 반면, 그저 "재미있네"로 감상을 갈음하는 사람도 많습니다. 스스로 생각과 느낌을 정리하고 표현하는 연습이 안 되어 있는 것이죠.

또 하나 잊지 말아야 할 것은 댓글러들은 정체를 알 수 없는 사람들이라는 점입니다. 모든 커뮤니케이션은 메시지뿐 아니라 메시지를 전하는 메신저가 누구인가에도 큰 의미가 있습니다. 메신저의 정체를 알 수 없는 메시지는 신뢰도가 떨어지고 책임 소재도 불분명합니다.

댓글을 무작정 믿지 마세요. 댓글을 읽기 전에 일단 본문을 스스로 읽고 자기 생각부터 정리하는 습관을 들여보세요. 스스로 고민하여 판단을 내리지 않고 눈에 보이는 댓글 여론만 따르다가

는, 내 생각의 지평이 그저 그런 댓글 여론의 틀 안에 갇혀버리게
됩니다.

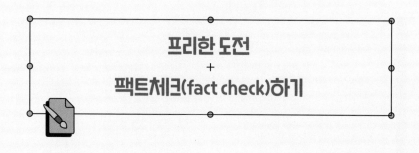

프리한 도전

+

팩트체크(fact check)하기

권력자들의 거짓말을 파헤치고 사건의 진상을 밝혀내는 것이 기자의 일입니다. 하지만 기자들이 이를 실천하는 데 쓸 수 있는 도구는 많지 않습니다. 검찰이나 경찰처럼 누군가를 잡아들여 사건의 진상을 캐묻거나 압수수색으로 자료를 얻을 수도 없죠. '딥 쓰롯(deep throat, 내부 제보자)'을 설득해서 중요한 단서를 입수해 특종을 터뜨리기도 하지만, 그 외에 일상적 취재 활동에서 얻는 대다수 정보는 평범한 시민들도 누구나 조금만 노력하면 얻을 수 있는 것입니다. 따라서 기자들의 팩트체크 활동도 누구나 시도해 볼 수 있습니다.

팩트체크의 첫 단계는 '찾기'입니다. 팩트체크는 대상이 누구냐가 곧 어떤 결과물이 나오느냐를 결정하기 때문에 대상을 찾는

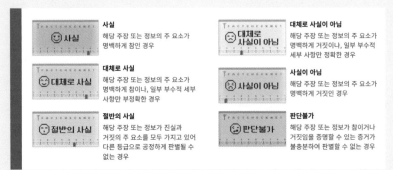

	사실 해당 주장 또는 정보의 주 요소가 명백하게 참인 경우		대체로 사실이 아님 해당 주장 또는 정보의 주 요소가 명백하게 거짓이나, 일부 부수적 세부 사항만 정확한 경우
	대체로 사실 해당 주장 또는 정보의 주 요소가 명백하게 참이나, 일부 부수적 세부 사항만 부정확한 경우		사실이 아님 해당 주장 또는 정보의 주 요소가 명백하게 거짓인 경우
	절반의 사실 해당 주장 또는 정보가 진실과 거짓의 주 요소를 모두 가지고 있어 다른 등급으로 공정하게 판별될 수 없는 경우		판단불가 해당 주장 또는 정보가 참이거나 거짓임을 증명할 수 있는 증거가 불충분하여 판별할 수 없는 경우

▲ 팩트체크 판정 기준표〈출처: 팩트체크넷〉

과정이 핵심이라고 할 수 있습니다. 유력 정치인의 발언이나 카카오톡 지라시로 유포된 루머, SNS에서 떠도는 소문, 특정 집단이 믿는 고정관념 등을 대상으로 삼을 수 있습니다.

　다만 팩트체크 대상은 반드시 '공적 관심사'여야 한다는 점을 유의해야 합니다. 연예인의 사생활이나 사람들 사이에 돌아다니는 농담 같은 사적 영역이 아니라 정치적 결정이나 입법, 새로운 정책 도입, 사회적인 논란이 된 이슈 등 공동체에 영향을 미치는 사안들을 대상으로 삼아야 합니다.

　또 팩트체크는 의견이 아닌 사실만을 검증할 수 있습니다. '우리나라 같은 최저임금 제도는 전 세계 어디에도 없습니다'라는 정치인의 주장은 팩트체크가 가능하지만, '현행 최저임금 제도는 폐지해야 마땅합니다'라는 주장은 체크가 불가능합니다.

　대상을 정했다면 다음은 '확인'입니다. 확인은 크게 사람·기관에 물어보는 방법과 자료로 확인하는 방법이 있습니다.

사람이나 기관을 접촉할 때는 당사자에게 물어보는 것이 가장 먼저입니다. '이러이러한 루머가 도는데 사실이냐, 이런 주장을 했다는데 정말이냐'고 직접 확인해보는 것이죠. 개인 휴대전화 번호를 얻기는 어려우나 공적 위치에 있는 사람이라면 간단한 검색으로 사무실 연락처 정도는 알아낼 수 있습니다.

정부 정책에 관한 것이라면 담당 공무원에게 전화하거나 홈페이지에서 민원을 넣어 사실 여부를 확인할 수 있습니다. 국민은 누구나 행정서비스를 받을 권리가 있기에 담당 공무원에게 관련 사실을 문의하는 것은 특별한 일이 아닙니다. 그리고 전문가에게 확인하는 방법도 있습니다. 해당 분야를 연구하는 대학 교수나 연구기관 연구원, 아니면 시민단체 전문가에게도 도움을 구할 수 있습니다.

자료를 통해 검증할 때도 우선은 대상 주제와 직접적 관련이 있는 기관의 공식 자료부터 살펴보는 것이 좋습니다. 우리나라 모든 공공기관은 공식 발표를 보도자료의 형식으로, 또 주요한 통계는 보고서의 형식으로 홈페이지에 공개하고 있습니다. 아울러 잘못 알려진 사실에 대해서는 '사실은 이렇습니다' 같은 식으로 설명자료를 내기도 합니다. 다만 이런 자료에는 불리한 사실은 일부러 쏙 빼놓는 경우가 많기 때문에 비판적 접근이 필요합니다.

통계청에서 관리하는 'e-나라지표'(www.index.go.kr)와 국가통계포털(kosis.kr)을 방문하면 다양한 분야의 방대한 통계자료를 확인할 수 있습니다. 검색창에 키워드만 입력하면 관련 통계들이 줄줄이 나열됩니다.

관련 논문을 직접 찾아보려면 국회도서관(www.nanet.go.kr)이나 학술연구정보시스템(www.riss.kr) 등을 방문하면 됩니다. 결제를 해야 하는 유료 논문도 있는데, 이럴 때는 논문 서비스를 제공하는 대학교 도서관이나 동네 공공도서관을 통하면 무료로 논문을 읽을 수 있습니다. 도서관이 논문 서비스를 제공하는지 미리 알아보고 방문하면 좋겠죠.

확인 과정에서는 반드시 '크로스 체크'를 해야 합니다. 한 기관이나 한 명의 전문가, 한 편의 논문만을 근거로 사실 여부를 판단해서는 안 됩니다. 물론 아무리 많이 크로스 체크를 해도 사실 확인이 안 될 수 있으며 때로는 오류가 있을 수도 있습니다. 그렇지만 확인에 확인을 거듭하면 오류가 줄어든다는 것은 분명한 사실입니다.

사실이 확인되면 판정 결과를 공지합니다. 보통 '사실이 아님-대체로 사실이 아님-절반의 사실-대체로 사실-사실'로 단계로 나누며, 확인할 수 없는 경우에는 '판단유보' 결정을 내리기도 합니다.

마지막은 '정정'입니다. 팩트체크에도 오류가 있을 수 있습니다. 늦게라도 오류를 발견하면 이를 즉시 수정하고 알려야 합니다. 처음 팩트체크 대상으로 삼았던 주제에 대해서는 끝까지 책임진다는 자세로 오류를 정직하게 인정하고 바로잡을 수 있어야 팩트체크의 신뢰도를 높일 수 있습니다.

4장_권리

내 권리는 내가 지키겠어

국민과 시민은 비슷해 보이지만 쓰임이 다른 단어입니다. 국민 (國民, nation)은 같은 국적을 가진 국가의 일원으로 국가라는 집단에 소속되어 있다는 데 초점을 맞춘 개념입니다. 반면 시민(市民, citizen)은 민주주의 사회의 구성원으로 자유롭고 평등한 권리를 지닌 주권자라는 점을 강조합니다. 독재국가에도 국민은 있지만 주권을 가진 시민*은 없죠.

　시민은 주권의 원천이므로 공동체에 관한 결정에 주체적으로

> 　여기서 시민(市民)은 표기는 같으나 서울특별시, 부산광역시
> 등 시(市)에 사는 사람(民)이란 의미의 시민과는 다른 의미입
> 니다.

▲ 국회에서 취재 중인 기자들의 모습. 가운데 있는 사람은 김두관 전 경남도지사
(ⓒ강병철)

참여할 수 있습니다. 그 참여는 투표 같은 최소한의 소극적인 형태일 수도 있고, 집회·시위처럼 좀 더 적극적인 방식도 가능합니다. 이 같은 주권자로서 공적 활동을 가능케 하는 전제가 되는 권리가 바로 '알 권리(right to know)'입니다.

알 권리는 정치적·사회적 문제에 관한 정보에 접근하고 이를 수집, 요구할 수 있는 시민의 권리를 의미합니다. 알 권리는 민주주의 사회의 기본권인 '표현의 자유'와 밀접한 관계가 있습니다. 시민들은 공동체의 문제에 대해 충분히 알 수 있는 권리를 보장

받아야만 표현의 자유를 실질적으로 행사할 수 있습니다. 시민들이 아무것도 알지 못하도록 눈과 귀를 철저히 막아버리면 표현의 자유가 있다고 해도 소용이 없습니다.

예를 들어 우리 동네 뒷산에 어떤 군사시설이 들어선다고 해보죠. 이 시설이 무슨 일을 하는지, 어떤 사람들이 근무하는지, 주변 민간인들을 위험에 빠뜨리거나 환경을 파괴할 우려는 없는지 등 아무런 정보가 없다면 사람들은 군사시설 설치를 찬성해야 할지 반대해야 할지도 판단하기 어려울 것입니다. 이렇게 정보가 차단된 상황에서 만들어지는 여론을 제대로 된 시민들의 뜻이라고 볼 수는 없죠.

대한민국 헌법에 명시적으로 알 권리가 규정돼 있지는 않지만, 표현의 자유를 규정한 헌법 21조*에 근거해 알 권리를 보호하는

> 헌법 제21조① 모든 국민은 언론 · 출판의 자유와 집회 · 결사의 자유를 가진다.
> ② 언론 · 출판에 대한 허가나 검열과 집회 · 결사에 대한 허가는 인정되지 아니한다.
> ③ 통신 · 방송의 시설기준과 신문의 기능을 보장하기 위하여 필요한 사항은 법률로 정한다.
> ④ 언론 · 출판은 타인의 명예나 권리 또는 공중도덕이나 사회윤리를 침해하여서는 아니 된다. 언론 · 출판이 타인의 명예나 권리를 침해한 때에는 피해자는 이에 대한 피해의 배상을 청구할 수 있다.

것도 같은 이치입니다. 헌법재판소는 1991년 5월에 "알 권리는 표현의 자유와 표리일체의 관계에 있다"고 결정한 바 있습니다.

민주화 이전에 알 권리는 다른 헌법적 권리와 마찬가지로 헌신짝 취급을 받았습니다. 그러다 언론과 시민단체 등의 노력으로 꾸준히 확대되다가 1998년 1월 세계에서 열세 번째, 아시아 국가 중에는 처음으로 '공공기관의 정보공개에 관한 법률'이 시행되면서 질적 수준이 높아지기 시작합니다. 정보공개법은 국민이 공공기관에 정보 공개를 요구할 수 있는 권리를 법으로 보장합니다. 이에 따라 모든 공공기관은 홈페이지에 '정보공개' 항목을 만들어 선제적으로 행정 정보 등을 공개합니다. 또 시민들이 정보공개를 청구하면 의무적으로 여기 응해야 합니다.

자신이 수집하고 생성한 정보를 독점하고 싶은 것이 권력의 자연스러운 생리입니다. 모든 정보가 투명하게 공개되면 권력자들은 과거처럼 정보 독점을 통한 정치적·경제적 이익을 누리지 못하게 됩니다. 정책 결정 과정에서 시민들에게 더 많은 감시와 비판도 받아야 하죠. 하지만 시민 입장에서는 가능한 한 이런 정보들이 투명하게 공개되어야 주권자로서 제 역할을 제대로 해나갈 수 있습니다. 지금 내가 사는 지역의 정책이 어떠한지, 민의를 대표한다는 사람들이 일을 잘하고 있는지 알 수 있도록 말이지요.

언론은 시민의 알 권리를 좀 더 폭넓게 보장하고 증진하기 위한 민주주의 사회의 필수 장치입니다. 기자들의 취재 활동은 언론의 자유와 시민의 알 권리를 근거로 이뤄집니다. 종종 기자들조차 오해하기도 하지만 알 권리는 기자들만의 특권이 아닙니다. 시민이라면 누구나 누릴 수 있는 기본권이며, 기자는 이를 충실히 보장하기 위해 해당 업무에 전문적으로 종사하는 직업군일 뿐입니다. 알 권리가 없으면 기자는 권력의 나팔수 이상의 역할을 할 수 없습니다. 북한에도 기자들이 있으나 그들은 인민의 알 권리가 아니라 선전선동의 일꾼으로서 체제에 봉사합니다.

알 권리에 대해서는 또 하나의 큰 오해가 있습니다. 알 권리는 세상에서 벌어지는 시시콜콜한 일에 대해 모두 알 권리를 뜻하는 것이 아닙니다. 헌법이 보장하고 언론이 지키기 위해 애써야 하는 알 권리는 공적 사안에 대해 알 권리입니다. 공동체의 중요한 결정, 새로운 정책, 안보 또는 경제 위기 상황에 대한 정보 같은 것들 말입니다.

연예인이나 인플루언서, 심지어 공적 업무를 담당하는 공직자라고 하더라도 그들의 사생활에 대해서는 우리가 알 권리도, 알아야 할 이유도 없습니다. 하지만 안타깝게도 많은 언론은 여전히 굳이 알 필요가 없는 일을 알아내는 데에 더 많은 힘을 쏟고 있습니다. 연예인의 열애설이나 방송가 뒷이야기, 인플루언서 간의 애정 행각과 다툼, 유명 정치인이나 공직자의 넥타이 무늬 또는 액세서리 브랜드 같은 것들 말입니다.

사생활을 추적하는 파파라치 같은 짓을 알 권리로 포장하고 언론이 여기 집중하면 정작 시민들이 진짜로 알아야 할 일들은 대중의 관심에서 멀어집니다. 그런 일이 반복된다면 우리 사회는 알 권리가 전혀 보장되지 않았던 과거의 그 시절로 회귀하게 될지도 모릅니다.

철없던 초등학생 시절에 찍은 우스꽝스러운 사진, 사춘기 때 누군가를 그리며 썼던 일기는 우리를 아련한 추억에 한껏 젖게 만듭니다. 그런데 이 사진과 일기를 나 아닌 다른 누군가가 본다면? 게다가 인터넷 공간에서 사람들의 놀림거리로 떠돌고 있다면? 그보다 더 끔찍한 악몽은 없을 것입니다.

창피한 순간이 인터넷 공간에서 다양한 방법으로 저장, 복제되는 상황을 묘사한 신조어가 '박제'입니다. 망신스러운 상황이 시간이 지나도 묻히지 않고 박제 처리된 동물처럼 두고두고 전시되는 상황을 뜻하죠. 이런 박제의 고통에서 벗어날 수 있는 권리가

바로 '잊힐 권리(right to be forgotten)'입니다.[*]

잊힐 권리는 인터넷상에 떠도는 자신에 관한 여러 형태의 정보를 삭제해달라고 요구할 수 있는 권리입니다. 책이나 신문, TV 등이 전부였던 시절에는 미디어에 노출된 정보의 유통기한이 그리 길지 않았습니다. 안 좋은 모습이 TV에 나왔더라도 어느 정도 시간이 지나면 사람들의 기억에서 사라졌고, 이를 다시 찾아보려면 도서관 영상자료실을 뒤지는 등 상당한 노력이 필요했습니다.

반면 인터넷 공간은 무제한의 정보 저장, 복제, 수정, 전송이 가능합니다. 오래전 인터넷 공간에 올라간 내 모습이 언제 어떤 식으로 다시 소환될지 알 수 없죠. 이 때문에 자기 정보에 대한 삭제를 요구할 수 있는 잊힐 권리가 근래에 들어 중요하게 다뤄지기 시작한 것입니다.

세계적으로 잊힐 권리는 2012년 1월 유럽연합(EU) 집행위원회가 정보보호법 개정안을 확정하면서 처음 명문화되었습니다. 우리나라는 2016년 정보통신망 이용촉진 및 정보보호 등에 관한 법률(정보통신망법)에 '정보 삭제 요청권'[*]을 포함하면서 잊힐 권리를 법으로 보장하기 시작했습니다.

이 법에 따라 포털사이트 등은 본인에 관한 정보를 삭제해달라

 '잊혀질 권리'라고도 하지만 '잊혀지다'는 단어 자체가 어법적으로 틀린 말입니다.

고 요구할 수 있는 서비스를 운영하고 있습니다. 당사자가 요청하면 정보통신 서비스 사업자는 '즉시 삭제' 또는 일시적으로 콘텐츠가 노출되지 않도록 블라인드 처리하는 '임시 조치' 등 필요한 조치를 취해야 합니다. 네이버는 게시중단 요청 서비스(inoti. naver.com), 다음은 권리침해신고센터(cs.daum.net/redbell/top.html)를 통해 잊힐 권리를 행사할 수 있도록 해두었습니다. 요즘은 직접 나서지 않고 의뢰인의 정보 삭제 작업을 대신해주는 '사이버 장의사'에게 도움을 받을 수도 있습니다.

잊힐 권리를 둘러싸고는 다양한 논란들이 존재합니다. 잊힐 권리 자체가 근래에 와서야 성립된 신생 권리이다 보니 아직 사회적 합의를 이루지 못한 부분들이 많은 것이죠.

현행법상 잊힐 권리에 따라 삭제를 요구할 수 있는 대상 정보는 허위조작정보만으로 한정되지 않습니다. 명명백백한 사실도

> 정보통신망법 제44조의2(정보의 삭제요청 등) ①정보통신망을 통하여 일반에게 공개를 목적으로 제공된 정보로 사생활 침해나 명예훼손 등 타인의 권리가 침해된 경우 그 침해를 받은 자는 해당 정보를 취급한 정보통신서비스 제공자에게 침해 사실을 소명하여 그 정보의 삭제 또는 반박 내용의 게재를 요청할 수 있다.
> ②정보통신서비스 제공자는 제1항에 따른 해당 정보의 삭제 등을 요청받으면 지체 없이 삭제 · 임시조치 등의 필요한 조치를 하고 즉시 신청인 및 정보게재자에게 알려야 한다.

▲ 네이버의 게시중단 요청 서비스 메인 화면

▲ 몇 가지 절차를 거쳐야 하지만 언론사의 기사도 종종 삭제되는 경우가 있다.

당사자가 고통을 호소하며 삭제를 요구하면 정보통신 서비스 사업자는 삭제 또는 임시 조치를 하여야 합니다.

그렇다면 정치인이나 공직자의 과거 비리, 흉악범의 행적까지도 본인이 원하면 모두 깨끗하게 지워줘야 할까요? 이런 경우까지 잊힐 권리를 폭넓게 적용하면 결국 시민들의 알 권리와 충돌하는 상황이 벌어집니다. 요즘도 국회의 인사청문회를 앞둔 고위 공직 후보자가 과거에 본인이 쓴 인터넷 게시글을 지우고, SNS 계정을 갑자기 폐쇄하여 논란이 되는 경우가 많습니다.

정보 삭제 요청권을 악용하면 권력에 대한 감시와 비판도 불가능해집니다. 한 시민단체가 어떤 기업의 비리 의혹을 제기하는 경우를 가정해봅시다. 시민단체 활동가들이 인터넷 공간에 고발 글을 써서 올립니다. 그러자 해당 기업은 곧바로 잊힐 권리를 주장하며 삭제를 요청해요. 이에 따라 정보통신 서비스 사업자는 고발 글을 블라인드 처리해버립니다. 이렇게 되면 사실상 기업이 인터넷 커뮤니티를 검열하는 꼴이 되잖아요? 시민들이 주목하는 기업들은 대체로 시민단체보다 규모가 크고 힘도 세니 공정하다고 볼 수도 없습니다. 언론사도 오래전에 인터넷으로 보도한 기사를 삭제해달라는 요청을 많이 받습니다. 10여 년 전 게재된 기사 탓에 지금까지 고통받고 있으니 잊힐 권리에 근거해 이를 지워달라는 것이죠.

하지만 기사 삭제는 간단한 문제가 아닙니다. 기사(記事)는 단어의 뜻 그대로 어떠한 사건을 기록한 기록물인데 이를 마구잡이로 지우는 것은 언론의 본질을 침해하는 처사입니다. 꼭 삭제가 필요하다면 언론중재위원회 조정이나 민사소송 같은 절차를 밟아야 하는데, 그 경우에도 삭제 결정이 보장되는 것은 아닙니다.

그렇다면 반대로 한번 공인의 지위에 있었던 사람은 영원히 박제의 고통을 감내해야만 할까요? 세상에는 젊은 시절 정치인이나 연예인으로 잠깐 활동했다가 이후에는 평범한 삶을 살아가는 사람들도 많습니다. 이런 사람 중 일부는 과거의 그 짧은 한때가 평생을 괴롭히는 악몽 같은 시절인 경우도 있을 것입니다. 그렇다고 이들에 대한 정보를 모두 삭제해버리면 '경력 세탁'에 악용되지는 않을까요?

이처럼 잊힐 권리를 둘러싼 문제는 복잡합니다. 개별 사례를 따지기 시작하면 지워야 할 것인가, 그냥 두어야 할 것인가, 답을 내기가 더욱 어렵죠. 세계 곳곳에서 정보 삭제를 요구하는 소송이 쏟아지고 있는 것도 이런 이유 때문입니다. 우리나라도 이 권리가 도입된 지 오래되지 않은 만큼 앞으로 더 많은 사건이 벌어져 법원의 판례가 쌓이고, 또 시민들의 폭넓은 여론이 수렴되어야만 어느 정도라도 판단 기준이 만들어질 수 있을 것입니다.

다만 한 가지 원칙은 분명합니다. 잊힐 권리를 법으로 보장한 것은 이런 제도가 없다면 스스로 자기 존엄을 지키고 인간다운 삶을 살아가기 힘든 사람들을 위해서입니다. 힘 있는 사람이나 대기업의 편의를 위해 만든 제도가 아니라는 말입니다. 평범한 시민이 아니라 권력자들의 편의를 위해 활용되는 경우가 많다면, 민주주의 사회에서 그 제도는 무언가 잘못되어도 한참 잘못된 것이라고 봐야 할 것입니다.

"나에게는 혐오 표현의 자유가 있다고!" ⊗ 🔍

"나는 당신이 말하는 것에 동의하지 않지만 그걸 말할 수 있는 권리를 위해서라면 목숨을 걸고 싸우겠다."

흔히 프랑스 계몽사상가 볼테르(1694~1778)가 한 것으로 알려진[*] 이 격언은 '표현의 자유'를 상징하는 문장처럼 쓰입니다. 다른 사람의 동의 여부와 무관하게 자기 생각을 당당하게 말할 수 있는 권리를 뜻하는 표현의 자유는, 인간을 인간답게 살 수 있도록 하는 기본적 권리이자 민주주의 사회의 토대가 되는 핵심 제

> ● 사실 이 발언은 볼테르가 직접 하지는 않았고 후대의 역사학자인 에블린 홀이 『볼테르의 친구들』이라는 전기에서 볼테르의 관용적 태도를 묘사하면서 쓴 표현입니다.

도입니다.

누군가 내게 정해진 범위를 벗어난 말이나 행동은 하지 못하도록 강제한다면 엄청난 억압으로 느껴질 것입니다. 내가 내 생각대로 말하고 행동하지 못한다면 그것은 노예의 삶을 사는 것과 다름이 없습니다. 민주주의 사회의 주권자인 시민들은 표현의 자유가 보장되어 있기에 누구나 정치적, 사회적 문제에 대해 자기 생각을 밝힐 수 있습니다. 정치 권력의 정점인 대통령에 대한 비판도 마음껏 할 수 있죠.

표현의 자유는 양심의 자유, 언론·출판의 자유, 집회·결사의 자유, 학문·예술의 자유 등을 모두 포괄하는 개념입니다. 표현의 자유가 없다면 사회가 발전하기도 어렵습니다. 갈릴레이 갈릴레오(1564~1642)는 '지구가 태양 주위를 돈다'라는 과학적 발견을 하고도 이를 당당하게 공표할 수 없었습니다. 종교 권력의 억압이 과학의 발전을 더디게 만든 것이죠. 사회도 마찬가지입니다. 표현의 자유를 억압하는 사회는 권력자의 뜻에 따라서만 운영되며, 자유로운 토론이 불가능하기에 어디에서도 새로운 변화의 동력을 얻기가 어렵습니다.

때로 표현의 자유는 발전은커녕 오히려 사회를 혼란스럽게 만드는 것처럼 보이기도 합니다. 이곳저곳에서 서로 다른 입장을 얘기하며 신속한 의사결정을 막고, 각종 집회·시위를 벌여 다른 시민들에게 불편을 줍니다. 1960년 4·19혁명 이후 제2공화국이

딱 이런 모습이었고, 이듬해 5·16쿠데타를 일으킨 군부 세력은 '사회 혼란상'을 정리하겠다는 명분을 내세워 권력을 쥐었죠.

하지만 민주주의는 본질적으로 시끄러운 정치체제입니다. 생각이 다른 사람들이 모여 자기주장을 열심히 펼치는 체제이니 어디 조용할 날이 있겠습니까? 반면 서로 다른 입장을 가진 사람들이 자유롭게 토론할 수 없고, 시민들이 스스로 목소리를 내지 못하며, 그래서 권력을 가진 소수가 빠르고도 은밀하게 중요한 결정을 내리는 체제를 바로 독재라고 합니다. 그리고 다수가 한목소리를 내며 다른 목소리를 억압하는 것은 전체주의라고 하죠. 이런 사회는 분열도 혼란도 없는 것처럼 보이지만 실상은 그렇지 않습니다. 불합리한 결정을 바로 잡을 방법이 없기에 내부에서는 계속 불만이 쌓입니다. 보이지 않는 곳부터 기둥이 썩어가는 것이죠. 그러다 어느 순간 공동체가 와르르 한꺼번에 무너져 내립니다.

모든 자유가 그렇듯 표현의 자유도 무한정 보장되지는 않습니다. 한 사람의 자유가 다른 사람의 자유를 침해하고 억압할 우려가 있을 때는 최소한의 범위에서 제한을 두어야 합니다. 다른 사람의 인격권을 침해했을 때는 모욕죄, 명예훼손죄 등으로 처벌합니다. 소비자들을 속이는 허위 광고, 기만 광고를 법으로 규제하는 것도 그런 이유에서입니다.

다만 명예훼손, 특히 사실 적시에 따른 명예훼손에 대해서는 적지 않은 논쟁이 벌어지고 있습니다. 거짓으로 지어낸 말이 아니라 사실을 있는 그대로 지적한 것까지 명예훼손으로 처벌하는 것은 표현의 자유를 너무 위축시키는 과잉 입법이라는 주장이 있습니다. 실제로 언론의 비판적 보도에 대해 명예훼손 소송으로 '재갈'을 물리려는 정치인이나 기업 등이 적지 않죠. "이기기 위해 소송을 제기하는 것이 아니라, 소송을 제기함으로써 이긴다"라는 랜들 베이전슨 아이오와대학 교수의 말 그대로입니다.

최근 표현의 자유는 '혐오 표현의 자유' 때문에도 논란이 일고 있습니다. 성별이나 나이, 장애, 인종, 종교, 성적 지향성 등을 이유로 차별하는 표현을 하지 말아야 한다는 목소리가 사회 일각에서 커지면서, 반대쪽에서는 표현의 자유를 확장해 혐오 표현의 자유를 들고나온 것입니다.

민주시민으로서 우리는 서로 다른 생각들을 존중해야 합니다. 그 생각이 터무니없고 내 눈에는 한심해 보이더라도 그것은 내가 관여할 바가 아닙니다. 머릿속으로 어떤 생각을 하고 일기에 어떤 내용을 기록하든 그것 역시 그 어떤 누구도 제지할 권리가 없습니다. 하지만 그런 생각을 공개적으로 표현하고 이로써 그것이 누군가의 기본권을 침해한다면 문제가 됩니다.

무제한의 자유는 결국 다른 사람의 자유를 침해하게 마련입니다. 표현의 자유가 무제한 허용되는 세상을 상상해보세요. 그곳에서는 강력한 표현의 수단을 가진 자와, 그렇지 못한 자들 사이에 계급이 만들어질 것입니다. 결국 힘을 가진 자들만 표현의 자유를 실컷 누리고 약자들의 존엄성은 짓밟히는 세상이 되겠죠. 민주주의 공동체의 일원이면 누구나 누려야 하는 기본권인 표현의 자유가 힘 있는 자들만의 특권이 되어버리는 것입니다.

그런 이유에서 건강한 민주주의 사회에서는 약자 또는 소수자를 겨냥한 혐오 표현의 자유를 보장할 수 없습니다. 혐오는 폭력입니다. 폭력의 자유, 폭력을 행사할 권리라는 것이 민주주의 사회에 존재하지 않듯, 혐오의 자유, 혐오할 권리라는 것도 있을 수 없습니다.

'셰어런팅(sharenting)'이라는 단어를 들어본 적이 있나요? 셰어런팅은 공유를 의미하는 영어단어 'share'와 양육을 뜻하는 단어 'parenting'을 합친 신조어입니다. 자녀의 육아 과정을 SNS에 올려 다른 사람들과 공유하는 행위를 말하죠. 셰어런팅을 하면 '랜선 이모', '랜선 삼촌'들이 SNS로 아이가 자라는 모습을 지켜보며 육아의 기쁨을 함께 느끼고 때로는 필요한 정보를 지원하기도 합니다. 랜선 이모와 삼촌이 많은 아이는 인플루언서가 되기도 하죠.

그런데 셰어런팅은 생각지도 못한 부분에서 아이에게 치명적인 독이 될 수도 있습니다. 인터넷 공간에 호의적이고 믿음직한 이모와 삼촌만 있을까요? 그렇지 않습니다. 겉으로 보기에 상냥한 이모와 삼촌들이 사실은 검은 마음을 품고 있는 경우가 허다

합니다. 이런 악한들이 SNS에 올린 아이 사진을 무단 도용하는 문제는 심심찮게 발생합니다. 성적인 목적으로 아이들의 사진을 무단 수집해둔 사이트가 발견돼 충격을 준 사건도 있었죠. 또 의식하지 못하는 사이 SNS를 통해 아이의 나이, 생일, 가족관계, 주소, 학교 및 학원 정보 등이 노출되면 각종 범죄의 표적이 될 수도 있습니다.

현대인들은 개인정보의 중요성에 대해 대부분 잘 알고 있습니다. 개인정보가 노출되면 당장 보이스피싱 전화부터 걸려온다는 것은 상식입니다. 이 때문에 우리는 모르는 사람에게 내 이름을 알려주는 것조차 꺼리죠. 그런데 SNS에는 아무렇지 않게 나와 내 가족, 친지의 정보를 공개하고 있습니다. 그 정보를 누가 어떤 식으로 활용할지 알 수도 없는데 말입니다.

특히 셰어런팅은 아이들 본인이 아니라 부모의 뜻에 따라 개인정보가 노출된다는 점에서 문제가 큽니다. 성인이라면 스스로 결정에 따라 SNS에 자신의 정보를 노출하고 추후 발생하는 문제는 스스로 감당하고 책임지면 됩니다. 그러나 아이들은 다릅니다. 정작 본인에겐 아무 잘못이 없는데도 성인이 된 후까지 이 문제로 큰 고통을 당할 수 있거든요.

SNS의 개인정보 유출은 악성 이용자들이 일으키는 문제만 있는 게 아닙니다. 실은 SNS를 운영하는 정보통신 서비스 사업자들도 내 개인정보를 활용합니다. 이 경우는 언제 한 것인지 잘 인식하지는 못하지만 어쨌든 이용자의 '동의'를 근거로 하기에 불법이라 할 수는 없습니다. 하지만 내 정보가 나도 모르게 어디선가 활용된다는 점에서 불쾌하긴 마찬가지입니다.

혹시 '페이스북은 어떻게 돈을 벌까'라는 생각을 해본 적이 있나요? 페이스북은 이용자들에게 가입비나 이용료를 받지 않습니다. 그러면 대체 어디에서 돈을 벌어서 전 세계 5만 명쯤 되는 직원들에게 월급을 주는 것일까요?

페이스북을 비롯한 대다수 SNS는 기업의 광고, 특히 '타깃팅(targeting) 광고'로 돈을 벌어들입니다. 특정 이용자에게만 맞춤형 광고를 노출해 마케팅 효과를 극대화하는 방식인데요, 여기에 바로 이용자의 개인정보가 활용됩니다. 내가 무엇을 좋아하는지, 어떤 물건이나 취미에 관심이 많은지, 이번 여름휴가에는 어디로 가려고 하는지 등을 SNS가 모두 알고 있기에 가능한 일이죠.

정부와 기업의 비리·비밀 폭로 사이트인 '위키리크스(Wikileaks)'의 창시자 줄리언 어산지와 조력자들의 대화를 담은 책 『사이버 펑크』에는 이런 구절이 나옵니다. SNS의 비즈니스 모델을 압축적으로 설명한 말이죠.

'페이스북 이용자는 소비자가 아니고 제품이다. 페이스북의 실제 소비자는 광고를 싣는 기업들이다.'

▲ 구글 검색창은 인간의 욕망이 여과 없이 표출되는 공간이다.

　세계 최대의 검색 엔진을 운영하는 구글은 AI(인공지능) 개발에
사람들의 검색 기록을 활용한다고 합니다. 자각하지 못할 뿐 '인
터넷 검색'이란 행동에는 누군가의 의지와 욕망, 그리고 의식의
흐름이 고스란히 기록되어 있습니다. 사람들은 친구나 가족에게
는 차마 물어보지 못할 것들에 관한 궁금증을 검색창에는 마음껏
표출합니다. 검색어 기록을 보면 그가 보고 싶은 것, 알고 싶은
것이 무엇인지 적나라하게 나타나죠. 구글의 AI는 검색창에 투영
된 이 같은 이용자의 솔직한 욕망에서 진짜 인간의 사고방식에
대해 배운다고 합니다.

　인터넷이 생활 근간을 이루고 SNS가 인간관계와 소통의 기본

수단이 되면서 어떤 이들은 '프라이버시의 종언'*을 말하기도 합니다. 현실적으로 사생활 보호 영역은 점점 줄어들 수밖에 없으니, 이를 억지로 지키려고 하기보다는 차라리 기업과 정부에 개인정보를 투명하게 제공하고 질 좋은 서비스를 받는 편이 더 낫다는 주장이죠.

그러나 우리가 우리의 영역을 그렇게 쉽게 포기할 이유는 없습니다. 개인정보든 사생활이든 한 개인의 영역을 타인에게 공개할지 말지, 또 공개한다면 어떻게 활용할지는 전적으로 당사자가 주체적으로 결정할 문제입니다. 설사 그 정보의 가치가 객관적으로는 '0'에 가깝다고 하더라도 말입니다.

개인정보와 사생활은 하나하나가 나를 구성하는 요소들입니다. 남들이 보기에는 별다른 가치가 없다고 해도 내게는 무엇보다 소중한 것들이죠. 프라이버시의 종언을 주장하는 정부나 기업의 논리에 따라 한 사람 한 사람이 이러한 자신의 고유 영역을 포기하고 조금씩 자신의 것을 내어주면 어떻게 될까요? 그러면 결국 이 세상에는 정말 가치가 '0'인 사람들만 남을지도 모릅니다.

> 이 표현을 널리 퍼뜨린 인물이 페이스북을 창시한 마크 저커버그입니다. 당연히 발언의 의도를 좋게 생각하지 않는 사람들이 많습니다.

학교 축제를 홍보하는 광고 포스터를 만들었습니다. 동네 이곳저
곳에 붙이고 학교 홈페이지는 물론이고 지역 인터넷 카페, 친구
들의 SNS에까지 게시했죠. 그런데 며칠 뒤 변호사 사무실이라는
곳에서 전화가 걸려옵니다. 포스터에 사진을 도용해 저작권을 침
해했으니 300만 원을 내놓아라, 내놓지 않으면 경찰에 신고하겠
다… 누구든 이런 일을 겪으면 머릿속이 하얘질 것입니다.

　요즘은 누구나 콘텐츠 창작자가 될 수 있는 세상입니다. 개인
블로그, 유튜브, SNS 등에 원하면 아무 때나 내가 작성한 글이나
사진, 이미지, 영상 등을 올려 많은 사람이 보도록 만들 수 있죠.
세상이 이렇게 변하면서 대중들 사이에까지 이슈로 떠오른 권리
가 바로 '저작권(copyright)'입니다.

저작권은 문학, 예술, 학술 등 다양한 분야에서 창작물을 만든 사람(저작자)이 갖는 배타적이고 독점적인 권리를 뜻합니다. 말이 좀 어렵죠? '배타적'은 다른 사람은 상관할 수 없다는 의미이고, '독점적'은 나만이 소유할 수 있다는 뜻입니다. 기발한 아이디어로 발명품을 설계하여 특허를 등록하면 특허권자는 배타적이고 독점적인 권리를 가집니다. 그러면 그 특허를 활용해서 사업을 하거나 특허 이용료를 받을 수 있죠. 저작권도 마찬가지입니다. 특허 개발자에게 다른 사람의 방해 없이 자기 뜻에 따라 특허를 활용할 수 있는 권리를 보장하듯이, 저작자에게는 자신의 창작물을 뜻에 따라 활용할 수 있는 권리를 보장해준 것입니다.

　소설가는 자신이 쓴 소설에 대한 저작권을, 작곡가는 자신이 만든 음악에 대한 저작권을 갖습니다. 저작권법은 시와 소설 같은 어문저작물, 노래 같은 음악저작물 외에 연극, 미술, 건축, 사진, 영상, 도형, 컴퓨터 프로그램 저작물 등에도 적용됩니다. 웬만큼 창의력을 요구하는 거의 모든 작업의 성과물에는 저작권이 존재한다고 보면 쉽습니다.

　저작권법 46조는 '타인의 저작물을 이용하기 위해서는 각 저작물의 지적재산권자로부터 허락을 받고 이용하는 것이 원칙'이라고 규정합니다. 이를 어기면 '저작권법 위반'이 되어 5년 이하의 징역 또는 5,000만 원 이하의 벌금형을 받을 수 있습니다. 저작권 침해는 남의 재산을 허락 없이 가져간 도둑질과 비슷하기에 나라에서 강한 처벌로 다스리는 것입니다. 심지어 저작권은 저작자가 사망한 뒤에도 70년간 유지되기 때문에 다른 재산과 마찬가지로 사후에 자녀에게 상속하기도 합니다.

　다만 우리 저작권법은 저작물 활용 제한의 예외를 두고 있습니다. 학교 교육이나 시사 보도, 비평, 연구 등 목적으로 정당한 범위 내에서 저작물을 사용할 때는 따로 저작권자의 허락을 받지 않더라도 문제가 되지 않습니다. 학교에서 어떤 소설 작품에 대해 가르친다거나, 작품을 소개하는 뉴스를 보도할 때, 또 평론가와 학자들이 작품을 평가하고 연구할 때는 자연스럽게 작품 일부를 인용할 수밖에 없습니다. 이때 일일이 저작권자의 허락을 받으라고 하면 교육과 보도, 비평, 연구 활동이 위축될 수밖에 없죠. 물론 이런 경우에도 출처는 반드시 남겨야 합니다. 또 시중에 판매되는 책의 전체나 일부를 무단으로 복사해서 교재로 쓰거나, 짜깁기로 책을 만들어 판매하는 것은 정당한 교육, 비평, 연구 활동에 포함되지 않으니 유의해야 합니다.

　저작권은 문화 발전의 든든한 토양으로 기능합니다. 저작권이 보장되지 않는 사회를 상상해볼까요? 그곳에서는 영화제작자들이 오랜 시간과 비용, 노력을 들여 만든 작품을 아무런 대가를 치르지 않고 봅니다. 음악 파일도 맘껏 주고받고 책도 복사하면 그만이죠. 그런 사회에는 굳이 자신의 돈과 시간을 들이고 머리를 싸매 고민하며 더 나은 작품을 창작하려는 사람들이 존재하지 않을 것입니다. 저작권이 있기에 저작자는 정당한 대가를 받을 수 있고, 또 이를 바탕으로 새로운 창작 활동에 나설 수 있게 되는 것입니다.

저작권은 배타적 재산권으로 보호받지만, 일부러 이를 내려놓는 일도 있습니다. 저작권을 주장하며 독점하기보다 대가 없이 많은 사람과 공유하면서 서로의 발전을 추구하겠다는 취지에 따라서요. 이런 생각이나 행동을 '카피레프트(copyleft)'라고 합니다. 저작권을 뜻하는 카피라이트를 비틀어 만든 표현이죠.

인터넷 공간에서 우리가 흔히 마주치는 카피레프트 중 하나가 '크리에이티브 커먼즈 라이선스(creative commoms license)', 즉 CCL이라는 규약입니다. CCL은 저작권자가 자신의 저작물을 사람들에게 대가 없이 공유하면서 꼭 지켜달라고 붙여둔 몇 가지 당부 사항이라고 할 수 있습니다.

예를 들어 '저작자 표시(BY)'는 인용을 할 때 저작자를 밝혀달라, '비영리(NC)'는 상업적 목적으로 활용하지 말아달라, '동일 조건 변경 허락(SA)'은 저작물의 내용을 바꿔도 좋지만 같은 조건으로 다른 사람들도 활용하게 해달라는 의미입니다. CCL은 네이버 블로그 등에서 흔하게 쓰입니다.

카피레프트가 저작권을 뜻하는 카피라이트의 반의어라고는 하지만 사실 저작권을 완전히 부정하겠다는 의도는 아닙니다. CCL에서 보는 것처럼 저작자의 뜻을 존중하여 약속한 범위에서 저작물을 공유하고 활용하자는 뜻에 더 가깝죠. 남의 저작물을 허락 없이 마구 사용하는 것은 카피레프트가 아니라 그냥 저작권 침해일 뿐입니다.

몇 가지 더 알아볼까요. SNS 등을 운영할 때 저작권과 함께 자주 문제가 되는 권리가 초상권입니다. 초상권(肖像權)은 자신의 모습에 대해 갖는 독점적 권한을 의미합니다. 누군가 허락 없이 내 모습을 사진으로 찍어 인터넷 공간에 게시하면 초상권 침해가 됩니다. 길에서 만난 아이가 귀엽고 이쁘다고 해서 막무가내로 사진을 찍어 내 SNS에 올리면 초상권 침해입니다. 아이가 직접 소송을 걸 리는 없겠지만 누군지도 모르는 사람의 SNS 계정에서 자녀의 사진을 발견한 부모는 절대 가만히 있지 않겠죠.

비슷하지만 조금 다른 퍼블리시티(publicity)권이라는 것도 있습니다. 연예인은 초상권이 있을까요, 없을까요? 당연히 있습니다. 하지만 사생활이 아니라 사인회처럼 공개된 자리에서 팬들이 찍은 사진을 SNS에 올렸다고 초상권 침해를 주장하며 소송을 걸 연예인은 없습니다. 그 정도 팬서비스를 하지 않으면 연예인으로 계속 활동하기가 어려울 테니까요.

하지만 자신 또는 누군가 찍은 연예인의 사진으로 상업광고를 만들고 돈을 벌어들인다면 그건 다른 차원의 문제가 됩니다. 누군가의 초상을 상업적으로 활용할 권리, 즉 퍼블리시티권을 침해한 것이기 때문입니다. 퍼블리시티권과 관련해 유념할 점은 이

▲ 필리핀 마닐라의 한 사점에 진열된 소설책의 표지에 우리나라 배우들의 사진이 실려 있다. 연예인의 사진 등을 허가 없이 상업적 용도로 사용하면 퍼블리시티권 침해가 된다.(ⓒ강병철)

권리가 누군가의 모습뿐 아니라 이름이나 목소리에도 적용이 된다는 것입니다. 모자를 파는 쇼핑몰이 '수지 모자' 같은 식으로 특정 연예인의 이름을 써먹었다가 손해배상 청구 소송을 당한 사례가 실제로 있습니다. 법무부는 2022년 12월에 퍼블리시티권을 '인격표지영리권'이란 이름으로 정식 제도화하고 세부적인 기준을 갖추겠다고 밝혔습니다. 추후 국회에서 논의가 필요하긴 하지만 법무부의 계획대로라면 저작권처럼 인격표지영리권도 상속이 가능해집니다. 상속 기간은 30년입니다.

저작권과 초상권, 퍼블리시티권 등은 엔터테인먼트산업이 발전하면서 근래 우리나라에서 특히 주목받는 권리입니다. 일부 연예기획사는 로펌과 손잡고 인터넷 공간을 뒤져 저작권이나 퍼블리시티권 침해 사례를 찾아내어 줄줄이 법적 분쟁을 벌이는 이른바 '기획 소송'에 나서기도 합니다. 이런 분쟁에 괜히 휘말리지 않으려면 SNS에 글을 올릴 때 누군가의 권리를 침해할 우려가 없는지 한 번 더 살펴보는 자세가 필요합니다.

다른 모든 권리도 그렇지만 저작권이나 초상권, 퍼블리시티권 등은 공동체 구성원들이 서로 함께 인정하고 보호해주지 않는다면 의미가 없습니다. 저작권을 가볍게 생각하고 무단으로 남의 저작물을 사용하는 사람들이 사라지지 않는다면, 결국 남의 권리를 존중하는 선량한 시민들이 계속 피해를 보게 됩니다. 선량한 시민을 보호하고 공동체를 건강하게 유지하기 위해서는 규칙을 지키지 않는 사람들을 필연적으로 처벌할 수밖에 없습니다. 저작권 침해는 부정할 수 없는 범죄라는 사실을 꼭 잊지 말았으면 합니다.

미디어는 일상입니다. 휴식할 때뿐 아니라 일하고 공부할 때도 미디어는 공기처럼 우리 곁에 함께합니다. 그런데 여러 가지 이유에서 이런 공기가 특별하게 느껴지는 사람들도 세상에는 많습니다. 예를 들어 앞이 보이지 않는 시각장애인들은 어떨까요? 스마트 기기 사용이 익숙지 않은 노인들은요? 전화 통화만 가능한 오래된 구형 휴대전화를 사용하는 사람들은요?

우리나라는 모든 국민이 큰 불편이 없이 미디어를 사용할 수 있도록 다양한 제도를 마련해 지원하고 있습니다. 시민 누구나 가지고 있는 '미디어 접근권'(또는 미디어권)을 보장해주기 위해서입니다.

미디어는 한 사회의 공론장 역할을 합니다. 중요한 공적 사안

▲ 서울 여의도에 있는 시청자미디어재단. 이 재단은 전
국에 시청자미디어센터를 두고 시청자들의 미디어
접근권을 제고하는 업무를 한다.(ⓒ강병철)

에 대한 정보와 의견이 미디어를 통해 유통되죠. 그러니 미디어
를 자유롭게 활용하지 못한다면 공동체의 중요한 의사결정 과정
에서도 소외될 수밖에 없습니다. 이처럼 헌법에 보장된 표현의
자유, 국민의 알 권리를 현대적으로 폭넓게 해석하며 만들어진
권리가 바로 미디어 접근권입니다.

　우리나라에서는 방송통신위원회와 그 산하에 있는 시청자미디
어센터 등이 국민의 미디어 접근권을 증진하는 일을 합니다. 대

표적인 사업이 시청각장애인들이 어려움 없이 방송을 즐길 수 있도록 필요한 장비를 지원하고, 방송사들이 장애인의 편의를 고려한 프로그램을 편성하도록 감독하는 일입니다.

2022년 국회입법조사처의 '비대면 시대 시청각장애인의 방송미디어 접근성 현황과 개선과제' 보고서를 보면 시청각장애인의 89.4%가 주요 문화 여가 활동으로 'TV 시청'을 뽑았습니다. 여행은 5.4%, 취미 및 자기계발은 3.8%, 스포츠는 3.1%였죠. 외부 활동에 많은 불편을 겪는 탓에 여가 활동에서 방송에 대한 의존도가 절대적으로 큰 것입니다.

방송법 69조는 방송사가 장애인의 시청을 도울 수 있도록 폐쇄자막, 화면해설, 수어(手語) 등을 이용한 방송을 하여야 한다고 규정하고 있습니다.

폐쇄자막은 방송 프로그램 자체에 붙어 있는 자막(열린 자막)이 아니라 별도로 제작되어 있어 TV 설정에 따라 노출 여부를 선택할 수 있는 자막을 의미합니다. TV 프로그램 시작 시 화면 위쪽에 '청각 장애인을 위한 자막방송'이라는 안내가 나오는 경우를 보았을 것입니다. 이것이 바로 폐쇄자막이 포함된 프로그램이라는 표시입니다.

화면해설은 방송 화면에 표시된 자막이나 출연자의 동작 등 음성으로 표현되지 않는 부분을 시각장애인들을 위해 성우가 읽거나 설명해주는 방식입니다. 수어 방송은 정부의 중요한 발표나

뉴스 내용을 수어 통역사가 손으로 표현하는 언어로 옮긴 것입니다. 수어는 수화라고도 합니다.

정부의 지침에 따라서 KBS, MBC, 종합편성채널, 보도채널 등은 폐쇄자막 100%, 화면해설 10%, 수어 방송 5%를 의무적으로 편성해야 합니다. 생각보다 높다고요? 그나마 TV 방송은 정부의 각종 규제를 받기 때문에 이런 정도의 접근권 보장이 가능합니다. 그렇기에 많은 장애인이 그나마 TV 시청으로 여가를 보낼 수 있는 것이고요. 정부가 뜻대로 규제하기 힘든 OTT나 동영상 플랫폼 등도 스스로 장애인들의 접근성을 높이기 위한 서비스를 도입하고 있다고는 하지만 아직 많이 부족한 것이 사실입니다. 당연히 이런 플랫폼들은 TV에 비해 장애인들의 이용율이 낮죠.

장애인뿐 아니라 노인들도 미디어 접근의 어려움을 겪는 경우가 많습니다. 요즘은 스마트폰 애플리케이션 사용이 익숙하지 않으면 배달 음식을 시키기도 힘들고, 늦은 시간에 택시를 잡을 수도 없습니다. '광클'(미치도록 빠르게 클릭한다는 뜻)을 해야 하는 인기 공연 입장권이나 영화표 예매도 쉽지 않죠. 정부는 이런 노인들을 위해 미디어 활용 능력을 키워주는 각종 교육 사업도 진행합니다. 특히 패스트푸드점이나 카페를 중심으로 급속도로 퍼지기 시작한 무인 주문기(키오스크)가 노인들에게 고통을 준다는 사실이 널리 알려지면서 키오스크 주문 방법을 교육하는 지방자치단체들도 많습니다.

2020년부터 퍼지기 시작한 코로나19는 미디어 접근권이 시민의 기본권인 교육받을 권리와도 긴밀한 관련이 있다는 사실을 실감케 했습니다. 학교에 가기 어려워지고 대부분 수업이 줌(zoom)을 통한 화상수업으로 대체되면서 스마트미디어에 대한 접근이 어려운 아이들은 교육도 충실히 받을 수 없었는데요. 그 폐해가 예상보다 커서 '디지털 격차'라는 말까지 나왔을 정도입니다.

앞으로 다가올 사회에서는 우리 일상에 미치는 미디어의 영향력이 지금보다 훨씬 더 커질 것입니다. 그러면 미디어 접근권을 얼마나 보장받느냐에 따라 사람들의 삶의 질은 천차만별로 달라질 것입니다.

소외되는 사람 없이 모두가 미디어를 통해 풍요로운 삶을 즐기는 날이 올 수 있을까요? 미디어 기술이 발전하는 속도만큼 미디어 접근권을 보장하는 기술과 제도 역시 빠르게 발전한다면 그런 날이 올지도 모르겠습니다. 미디어 접근권에 대한 많은 시민의 이해와 공감, 그리고 정부의 적극적인 노력이 변화의 단초가 아닐까 합니다.

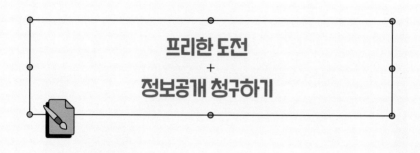

프리한 도전
+
정보공개 청구하기

1998년부터 시행된 공공기관의 정보공개에 관한 법률(정보공개법)은 정보공개청구권을 명시하고 있습니다. 모든 국민은 정보공개를 청구할 권리를 가지며(5조), 공공기관이 보유·관리하는 정보는 법이 정한 대로 공개해야(3조) 합니다. 이 권리는 자신과 직접적 관련이 없는 정보에도 적용됩니다. 공적 정보라면 시민 누구나 접근할 권리가 있다고 보기 때문입니다.

정보공개 청구는 먼저 대상을 정해야 합니다. 다양한 정책에 대한 통계, 공적인 결정에 관한 회의록, 정부 부처의 각종 내부 규정, 기관끼리 주고받은 공문서 등 공공기관이 생산·관리하는 정보라면 무엇이든 공개해달라고 청구할 수 있습니다. 공공기관은 어떤 정보를 만들어 관리하는지 목록까지 공개하고 있으니 이

▲ 대한민국 정보공개 홈페이지 메인 화면

를 참고해 대상을 정할 수도 있습니다.

정보공개 청구는 각 기관 홈페이지에서도 가능하지만, '정보공개포털(www.open.go.kr)'을 활용하면 더 편합니다. 포털에서는 모든 정부 부처에 대한 정보공개 청구가 가능합니다. 여러 기관에 청구할 때도 이곳저곳 돌아다닐 필요가 없죠.

다만 정보공개 포털은 행정부 소속 부처에 대한 정보만 모여 있습니다. 입법부인 국회는 '열린국회정보(open.assembly.go.kr)', 사법부인 법원은 '법원정보공개(open.scourt.go.kr)'를 따로 운영합니다. 어디든 정보공개 청구 방식은 비슷합니다.

대상을 정했다면, 해당 정보가 즉시 입수할 수 있는 공개 정보인지 아닌지 먼저 확인하는 것이 좋습니다. 정보공개 청구 절차는 통상 10일, 때로는 20일가량 걸리기도 합니다. 이미 공개되어 있는 정보를 공개하라고 청구해두고 기다리는 것은 시간 낭비겠죠. 정보공개 포털에서 키워드로 검색을 해보면 해당 정보가 공개된 것인지, 따로 청구가 필요한 것인지 확인할 수 있습니다.

정보공개 청구서를 쓸 때는 간략하되 구체적으로 청구 사항을 써야 합니다. 예를 들어 제주도의 교통사고 사상자 통계가 궁금하다면 '2015년 1월부터 2022년 12월까지 월별 제주도 전체 교통사고 사상자 숫자를 공개해달라'고 쓰면 됩니다. 단순히 '제주도 교통사고 통계를 공개해달라'거나 '교통사고 사상자 정보 일체를 공개해달라'고 하면 대상이 특정되지 않아 공개 거부를 당할 수 있습니다.

정보공개 청구 시 유의할 점은 모든 정보가 반드시 공개되지는 않는다는 점입니다. 정보공개법 9조에는 공공기관이 공개하지 않아도 되는 정보의 종류를 규정해두었습니다. 청구인이 보기에는 문제가 없는 정보인데, 공공기관은 법 9조[*]를 근거로 공개를 거부하는 사례도 적지 않습니다. 이 틈이 좁혀지지 않아 법정까지 가는 일도 있죠.

청구를 받은 기관은 10일 내 정보공개 여부를 결정해야 합니다. 기간 내 결정이 힘들면 청구인에게 통지하고 10일을 연장할 수도 있습니다. 특별한 것 없는 통계 등은 금세 공개되지만 다소 예민한 문제가 얽힌 자료라면 검토 기간이 길어지는 것이 보통입니다.

이 기간에 해당 기관에서 청구인에게 전화를 걸어 정보공개 청구의 목적을 물어보기도 합니다. 청구인은 목적을 설명할 의무가 없으므로 "그냥 궁금해서 청구했다"라고 답하면 그만입니다.

때로는 전화를 걸어 "청구하신 정보는 저희가 가지고 있지 않으니 청구를 취하해달라"고 요구하는 때도 있습니다. 이때는 "정보가 없으면 없다고 답해달라"고 하는 편이 좋습니다. 정보가 없다는 비공식적 설명을 듣고 청구를 취하하는 것과, 공공기관이 공식적으로 '정보 부(不)존재'라고 답하는 것은 의미가 다르기 때문입니다.

최장 20일을 기다렸는데 정보공개를 거부당했다면 이때는 일단 '이의신청'을 해보는 것이 좋습니다. "귀 기관은 9조를 근거로

> 구체적으로는 다음과 같은 것들이 있습니다.
> ①다른 법률이나 명령에서 비밀로 규정한 정보
> ②국가안전보장, 국방, 통일, 외교에 관한 사항으로 공개되면 국가의 이익을 해칠 우려가 있는 정보
> ③공개되면 국민의 생명과 재산 보호에 지장을 초래할 우려가 있는 정보
> ④수사와 재판, 형 집행과 관련해 피고인의 권리를 침해할 수 있는 정보
> ⑤의사결정 과정 또는 내부 검토 과정에 있는 사항
> ⑥사생활 침해 우려가 있는 개인정보
> ⑦특정인에게 이익이나 불이익을 줄 수 있는 정보

공개를 거부했지만 저는 제가 요구한 정보가 거기 해당하지 않는다고 생각합니다" 정도로 이의신청서를 작성하면 됩니다. 이의신청이 들어오면 해당 기관은 처음보다 확대된 정보공개심의위원회를 열어 공개 여부를 다시 결정합니다. 이 단계에서 기존 결정이 뒤집히기도 하죠.

이의신청마저 거부당하면 다음은 정보공개를 요구하는 행정소송을 걸어야 합니다. 솔직히 일반 시민들은 상당한 비용과 시간 탓에 이 단계로 넘어가기가 쉽지 않습니다. 꼭 필요하다면 관련 시민단체의 도움을 얻어 소송을 진행할 수 있습니다.

우리나라에서는 참여연대나 민주사회를위한변호사모임 외에 이 분야 전문 시민단체인 투명사회를위한정보공개센터가 정보공개, 국가 기록 관리 등에 대해 꾸준히 목소리를 내고 있습니다. 이 단체의 홈페이지(www.opengirok.or.kr)를 방문하면 흥미로운 정보공개 청구 결과물을 훑어볼 수 있고, 정보공개 활동에 대한 다양한 정보도 얻을 수 있습니다.

청구주제	교육
제목	정보공개청구(학교 화장실 시설 개선 사업비)
청구내용	학교 화장실 시설 개선 사업비에 대한 정보공개청구입니다. 2015–2020년 서울시교육청이 매년 학교 화장실 시설 개선에 사용한 비용이 얼마인지 공개해 주세요.

▲ 〈정보공개 청구서 작성 예〉

▲ 정보공개 청구에 대한 여러 내용과 활용 방법은 동영상으로 공부할 수도 있습니다. 정보공개센터에서 제공하는 〈영상으로 배워보는 정보 공개 청구〉 편을 참조하세요(https://www.youtube.com/playlist?list=PLjQQGzeT74y-kbleNSBSCLtnsqYKkv5nA).

언론이 진실을 보도하면 국민들은 빛 속에서 살 것이고, 언론이
권력의 시녀로 전락하면 국민은 어둠 속에서 살 것이다._김수환
추기경

5장_권력

이런 일까지 벌어지고 있다니

TV에 소개된 '맛집'은 순식간에 손님들로 북적거립니다. 반대로 잘 팔리던 제품도 문제점을 고발하는 보도가 나가면 판매량이 뚝 떨어지고 회사가 큰 타격을 입죠. 미디어의 조명을 받으면 하루 아침에 유명인이 될 수도 있고 그 반대의 일도 벌어질 수 있습니다. 미디어는 이처럼 누군가를 살리고 죽이는 엄청난 힘을 가지고 있습니다.

미디어, 특히 언론매체는 공동체에서 일어나는 일을 감시하고 경보를 보내는 '와치독(watch dog·감시견)' 역할을 합니다. 이 감시견 때문에 권력자들은 함부로 그 힘을 휘두를 수 없고 중요한 결정을 할 때는 여론의 눈치를 살핍니다. 대통령이나 국회의원, 주요 정당의 당직자 같은 정치 권력은 물론이고, 재벌과 대기업 등 자본 권력도 마찬가지입니다.

그런데 반드시 기억해야 할 점이 있습니다. 거대 권력을 견제하고 감시하는 역할을 하는 미디어 자체도 사실 정치·자본 권력 못지않은 거대 권력이라는 점입니다. 미디어는 민주주의 사회에서 특정 정보나 의견을 퍼뜨리고 여론을 형성할 때 절대적 힘을 발휘합니다. 미디어가 객관성과 공정성을 버리고 특정 세력과 유착하면 정치 권력이나 자본 권력은 그 힘을 극대화할 수 있죠.

미디어의 영향력은 이런 수준에 그치지 않습니다. 인류학은 문화를 '총체적 삶의 양식'이라고 정의합니다. 단순히 예술이나 종교뿐 아니라, 자연 상태에서 벗어난 공동체 구성원 사이에서 습득·공유·전달되는 생활 양식을 통틀어 문화라고 부르는 것이죠. 미디어는 이런 총체적 삶의 양식으로서 문화를 사람들이 습득하고 공유, 전달하는 데에도 큰 영향을 미칩니다.

지금의 10대 청소년이나 20대 초반 청년들은 '2002 한일 월드컵'을 직접 경험하지 못한 세대입니다. 그런데도 상당수 1020 세대의 머릿속에 2002 월드컵은 대한민국 최초 4강 진출의 영광이나 뜨거웠던 붉은악마의 거리 응원 등으로 기억되고 있을 것입니다. 미디어가 주목하고 기록으로 남긴 2002 월드컵의 풍경이 그런 모습이기 때문입니다. 이런 풍경은 월드컵이 열리는 4년마다 반복됩니다.

▲ 2002년 한일 월드컵 당시 서울시청 앞 광장에 모인 응원 인
파〈출처: 국가기록원〉

여기에는 당시 월드컵과 거리 응원에 비판적이었거나 심지어
무관심했던 다른 쪽의 목소리는 담겨 있지 않습니다. 주류 미디
어가 외면했기에 많은 이들의 기억 속에서도 이런 목소리는 이질
적이고 주변적인 것으로 치부되는 것입니다.

이를 월드컵이 아닌 다른 상황에 적용해보면 어떨까요? 예를 들어 우리나라가 주변국을 침범해 전쟁을 일으켰다고 가정해봅시다. 전쟁의 원인은 복잡다단합니다. 그런데도 유력한 신문과 방송 등이 한두 가지 원인만을 주목하고 이를 반복적으로 사람들에게 전달한다면 이 전쟁에 대한 시민들의 인식과 기억은 미디어가 의도한 방향으로 왜곡될 수밖에 없을 것입니다. 전쟁 이후도 마찬가지입니다. 전쟁이 남긴 수많은 죽음과 파괴, 인간성의 상실은 미디어의 뜻에 따라 용감한 전쟁 영웅의 이야기, 승리의 영광 등으로 덮여버릴 수도 있습니다.

2022년 러시아가 우크라이나를 침공해 전쟁을 일으키자 러시아 국영 미디어들은 이를 정당화하는 데 집중했습니다. 해외 언론을 접할 기회가 없는 러시아인들이 우크라이나와의 전쟁을 바라보는 인식은 우크라이나인은 물론이요, 제3국 사람들과도 상당히 다르겠죠.

미디어의 영향력은 역사 기록에까지 영향을 미칩니다. 흔히 신문 기사를 조선 시대 사관(史官, 역사 기록과 편찬을 담당한 벼슬아치)이 기록했던 사초(史草)에 비유합니다. 사초는 훗날 역사가들이 역사를 기록하고 연구할 때 기초 재료가 됩니다. 이제는 신문 기사뿐 아니라 다양한 형태의 미디어 콘텐츠들도 모두 사초가 될 수 있습니다. 문화연구자들이 1960~70년대 영화, 80년대 잡지, 90년대 TV 방송에서 그 시대를 꿰뚫는 문화적 코드를 찾아내는 것처럼, 먼 훗날 2000년대 이후를 연구하는 역사가들에게는 지금 유행하는 미디어 콘텐츠가 중요한 연구 자료가 될 것입니다.

이처럼 미디어가 강력한 힘을 발휘할 수 있는 이유는 다름 아니라 그 뒤에 주권자인 시민이 있기 때문입니다. 민주주의 사회에서 미디어는 시민의 권리를 위해 봉사한다는 사회적 공감대를 형성하고 있는데요. 그렇기에 사람들은 언론이 보도하는 뉴스를 사실로 받아들이고 중요한 일로 생각하며 그들의 주장에 귀를 기울이는 것입니다.

그러나 미디어가 노골적으로 시민이 아니라 정치·자본 권력에 봉사하며 권력에 종속된다면 그때는 많은 힘을 잃게 됩니다. 정권을 위해 봉사하는 북한의 《노동신문》이나 조선중앙TV는 북한 당국의 주요 결정에 아무런 영향을 미치지 못하죠. 이들 매체가 전하는 북한 사람들의 생활상을 액면 그대로 받아들이는 학자들도 당연히 없습니다.

다만 안타깝게도 우리나라를 포함한 민주주의 사회에서도 다양한 이유에서 언론이 시민이 아닌 권력에 봉사하는 일들이 벌어집니다. 권력의 압박과 회유를 견디지 못하거나, 때로는 본분을 잊고 스스로 권력에 취해 자신을 다른 권력과 동일시하며 벌어지는 일이죠.

우리나라 언론 신뢰도는 매년 바닥을 기어가고 있습니다. 영국 옥스퍼드대학교 부설 로이터저널리즘연구소가 공개한 '디지털뉴스리포트 2020'에 따르면 한국인들의 뉴스 신뢰도는 21%로 조사 대상 40개국 중 40위였습니다. 언론 자유도는 북한과 비교할 수 없을 정도로 높은데도 신뢰도는 이 모양이니 대체 어디서부터 잘못된 것일까요?

언론이 제 역할을 충실히 하도록 준엄한 경고를 날릴 수 있는 것도 결국은 시민뿐입니다. 시민 한 명 한 명이 미디어에 대한 높은 관심과 충실한 이해로 무장한다면 미디어 권력은 자신들의 힘을 함부로 사용할 수 없을 겁니다. 그러면 장기적으로 언론 신뢰도까지 올라가겠죠. 물론 저를 포함한 미디어 종사자들의 쉼 없는 반성이 먼저 이뤄져야 합니다.

나를 비판하는 목소리를 겸허히 받아들이는 일은 정말 쉽지 않습니다. 부모님이나 선생님이 싫은 소리를 해도 기분이 좋지 않은데, 나보다 힘이 약한 자들이 시도 때도 없이 비판을 가한다면 참기가 어렵겠죠. 조선 시대에도 신하나 선비들의 상소에 화를 누르며 경청할 줄 알았던 왕은 성군으로 평가받았고, 서슬 퍼런 왕권을 두려워하지 않고 매서운 직언을 가한 신하들은 참된 선비로 이름이 남았습니다.*

> 예를 들면 대학자로 이름난 남명 조식(1501~1572)이 명종에게 올린 상소는 다음과 같습니다. 이런 말을 듣고 아무렇지 않게 "허허, 경의 말이 맞소"라고 할 수 있는 왕이 얼마나 될까요? 지금도 명문으로 회자되는 단성소(丹城疏)의 일부입니다.

현대 사회에서 과거 조선 시대 왕과 신하들의 잘못을 지적하던 사간원이나 사헌부 같은 언관(言官)의 역할을 하는 것이 우리 시대의 언론입니다. 언론은 기사와 사설, 칼럼, 논평* 등을 통해 권력의 치부를 밝히고 잘못을 지적하며 이를 바로잡는 일을 합니다. 우리 헌법 21조는 '언론·출판의 자유'를 국민의 헌법적 권리

> '전하의 정치는 이미 잘못되었고 나라의 근본이 흔들려 하늘의 뜻도 민심도 이미 떠났습니다. 비유하자면 백 년 된 큰 나무의 속을 벌레가 다 갉아먹어서 진액이 말라버렸는데, 회오리바람과 사나운 비가 당장이라도 몰아쳐 올 것 같은 형국입니다…(중략)…자전(慈殿, 임금의 어머니)께서는 생각이 깊으시지만 깊은 궁궐에서 사는 한 사람의 과부에 지나지 않습니다. 전하께서는 아직 어리시니 선왕이 남긴 한낱 외로운 후사에 불과합니다. 그러니 수많은 천재지변을 어떻게 감당하실 것이며, 억만 갈래로 찢어진 인심을 무엇으로 수습하시겠습니까?'
> (명종실록 10년 11월 19일, 김준태, 『왕의 공부』, 위즈덤하우스, 2020.에서 재인용)

> ◑ 기사는 우리가 포털에서 흔히 보는 그것을 말합니다. 사실 전달과 그에 대한 해설을 간결한 문장으로 정리한 글입니다. 사설은 한 언론사의 주장을 담은 글을 말합니다. 종이신문 제일 마지막 면에 주로 실리는데 인터넷 공간에서는 접하기가 어렵습니다. 칼럼은 기자나 논설위원, 외부 필진이 얼굴 사진과 이름을 걸어놓고 특정 현안에 대한 자기 생각을 담은 글입니다. 논평은 칼럼의 방송 버전이라고 생각하시면 됩니다.

로 명시하고 있습니다. 이에 따라 언론이 권력자들에게 가하는 비판은 대부분 명예훼손이나 모욕죄 등이 적용되지 않습니다. 언론의 자유를 최대한 보장하기 위한 조치죠.

하지만 우리나라에도 그 옛날 왕들처럼 언론의 직언을 받아들이지 못했던 정치지도자들이 많았습니다. '땡전뉴스'라는 단어를 들어본 적이 있나요? 신군부가 정권을 잡은 제5공화국 시절에는 오후 9시가 되었음을 알리는 '땡~' 소리가 나면 '전두환 대통령은 오늘~'로 시작하는 대통령 동정 뉴스부터 머리기사로 내보냈기에 만들어진 말입니다. 당시엔 대통령이나 정부를 비판하는 뉴스가 끼어들 틈이 없었죠.

그때는 심지어 정부가 각 언론사에 '보도지침'을 내렸습니다. 어떤 뉴스는 크게 다뤄라, 어떤 뉴스를 다루지 마라, 어떤 뉴스는 이러저러한 방향으로 쓰라는 등 언론을 통제해 시민들의 눈과 귀를 막으려는 속셈이었습니다. 보도지침은 용기 있는 기자들의 폭로로 세상에 알려졌습니다.

언론을 포함한 미디어를 장악하고 싶어 하는 것이 정통성이 약한 권력의 태생적 속성입니다. 미디어를 손에 넣어 권력자의 뜻을 선전하면 정통성을 확보하고 가진 힘을 원하는 대로 휘두를 수 있다고 믿기 때문이죠. 동서양을 막론하고 쿠데타 세력들이 필수적으로 방송국 장악에 나선 것도 이런 이유에서였습니다.

이탈리아 작가 쿠르치오 말라파르테는『쿠데타의 기술』(1931)

에서 러시아 볼셰비키주의자들이 '방송국, 전신국, 전화국 등을 장악하는 혁명의 새로운 모델을 만들었다'라고 평가했습니다. 1961년 5·16을 일으켰던 박정희 소장과 군부 세력은 부대를 이끌고 육군본부, 서울시청, 치안국과 함께 중앙방송국을 접수했습니다. 그러고는 "우리 군부가 궐기한 것은 백척간두의 위기에서 방황하는 국가의 운명을 극복하기 위한 것"이라고 선전하며 '혁명공약'을 발표했죠.

이런 방식은 시대가 바뀌어도 변하지 않습니다. 지난 2021년 쿠데타를 일으켜 아웅산 수치 국가고문을 가둬버린 미얀마 군부도 쿠데타 직후 곧장 양곤에 있는 국영 라디오, TV 방송국을 점령했습니다. 그리고 미얀마군 TV를 통해 "군이 선거부정에 대응해 구금조치를 실행했다"고 발표했습니다. 60년 전 대한민국 군부 세력과 닮았죠?

민주화 이후 우리나라 사정은 어떨까요? 정도와 방법이 달라졌을 뿐 언론을 좌지우지하려는 권력의 본능은 지금도 달라지지 않았습니다. 2016년 세월호 참사 당시 이정현 청와대 홍보수석비서관이 KBS 고위직에 전화를 걸어 '비판 보도를 자제해달라'는 뜻을 전해 논란이 된 적이 있었습니다. 이 수석은 이 일로 유죄 판결을 받았습니다. 그런데 다른 정부의 청와대는 이런 일을 전혀 하지 않았다고 자신 있게 말할 수 있을까요?

이보다 더 근본적인 문제는 따로 있습니다. 정권이 미디어에

▲ 아웅산 수치 미얀마 국가고문이 2013년 방한해 서울시청
안에 있는 시민청을 둘러보는 모습(ⓒ강병철)

막대한 영향력을 행사할 수 있도록 각종 제도적 기반이 만들어져
있다는 점입니다. 대통령 선거 후에 정권이 교체되면 우리나라
는 항상 방송사 사장 자리를 두고 시끄러워집니다. 정권과 '코드'
가 맞는, 마음에 드는 사람을 새 사장으로 앉히고 싶은데 기존에
있던 사장이 물러나지 않는다는 겁니다. 주요 방송사들이 정부의
입김을 강하게 받을 수밖에 없는 지분 구조로 되어 있는 탓에 이

런 일이 반복되는 것이죠. KBS는 정부가 100% 지분을 가지고 있고, MBC는 방송문화진흥회(방문진)가 대주주인데 방문진 이사는 방송통신위원회가 임명합니다. 방송통신위원장은 대통령이 지명하니 결국 MBC도 정부의 영향 아래 있습니다.

방송통신위원회는 종합편성채널이나 보도전문채널의 재승인 업무도 담당합니다. 재승인 심사를 통과하지 못한 종합편성채널 등은 최악의 경우 방송을 중단해야 합니다. 또 별도 기구인 방송통신심의위원회는 방송사들이 심의 규정을 준수하는지 늘 모니터링합니다. 정권의 마음에 들지 않는 방송사를 이런저런 트집을 잡아 괴롭힐 수 있는 다양한 방법이 있는 것이죠. 제가 아는 방송 기자들은 "소송보다 방송심의가 더 무섭다"라고까지 말하더군요. 소송은 약간의 금전적 피해로 끝나는 것이 보통이지만 심의에서 문제가 생기면 방송국이 문을 닫는 경우까지 발생하기 때문입니다.

정부는 신문사 등에 공공기관 광고를 실어 영향력을 행사합니다. 2022년 6월 《미디어오늘》 보도*에 따르면 2016~2019년 신문에 집행된 정부 광고료는 연평균 2,193억 원이었습니다. 이 돈의 절반가량인 1,115억이 종합일간지에 들어갔습니다. 광고료를 받

정철운 기자, 〈드디어 공개된 매체 정부광고, 누가 많이 주고 많이 가져갔나〉, 2022. 6. 14.

은 신문들은 당연히 광고주인 정부의 요구에 따라 특정 정책 홍보 기사 등을 썼을 것입니다.

물론 언론매체들은 종종 상당한 불이익을 감수하고 권력과 대립하는 모습을 보이기도 합니다. 또 미디어의 종류와 숫자가 늘어나면서 근래에는 아예 '독립 언론'을 표방하는 인터넷 언론사도 적지 않습니다. 권력의 압박과 회유를 뿌리치고 오직 시민들의 지지와 후원에 기대 어렵지만 정직한 저널리즘의 길을 가겠다고 선언한 곳들이지요.

사실 평범한 시민들은 각 언론사가 어떤 복잡한 과정을 거쳐 기사를 보도하는지 알 길이 없습니다. 해당 기사가 저널리즘의 원칙을 충실히 지킨 것인지, 아니면 다양한 경로에서 외부 권력의 '손을 탄 것'인지 판단하기 어려워요. 이럴 때는 다양한 논조를 가진 여러 매체의 기사를 비교해 읽는 것이 도움이 됩니다. 예를 들어 대기업 공장에서 일하던 노동자가 사망하는 사건이 벌어진 경우 기업은 미디어에 다양한 압박을 가합니다. 압박의 방법과 수준은 다양할 것이고, 여기에 대한 각 미디어의 반응도 제각각이겠죠. 당연히 보도도 다양한 형태로 나올 것입니다. 이처럼 하나의 사건을 다루는 여러 기사를 접해보면 기사들 가운데 공통으로 담긴 '사실'이 무엇인지, 각 언론의 시각이 반영된 '의견'이 무엇인지 좀 더 분명히 알 수 있게 됩니다. '생물 다양성'처럼 '언론 다양성'이 중요한 이유도 여기에 있습니다.

아돌프 히틀러(1889~1945), 나치독일을 이끌며 제2차 세계대전을 일으켰고 유대인을 무참히 학살했던 독재자. 그를 있게 한 측근 중 대표적 인물이 선전장관 파울 요제프 괴벨스(1897~1945)입니다. 프로파간다에 능했던 괴벨스는 히틀러를 신격화했으며 독일 국민이 자기들 손으로 독재자를 권좌에 밀어 올리는 데 결정적 역할을 했습니다.

괴벨스가 지휘했던 선전부는 직원이 한때 2,000명에 달했습니다. 현재 우리나라 방송통신위원회 직원이 200여 명인 점을 고려하면 엄청난 규모의 조직이었던 셈입니다. 선전부는 독일의 언론과 방송, 영화, 음악, 미술, 연극, 문학 등을 전부 장악해 히틀러와 나치 체제 선전에 동원하였습니다.

특히 괴벨스는 국민들에게 라디오를 보급해 프로파간다 활동에 십분 활용했죠. 당시 독일 사람들은 2차 세계대전에서 독일의 패색이 짙어지는데도 라디오의 선전만 믿고 승전을 자신할 정도였다고 합니다.

프로파간다(propaganda)는 어떤 이념이나 사고방식을 홍보하고 주입, 교육하여 대상의 생각과 행동 변화를 유도하는 활동을 의미합니다. '확장'을 뜻하는 라틴어 propaganda에서 유래한 것으로, 본래는 17세기경 교황청이 포교 활동을 위해 세운 기관을 부르던 말이었습니다. 프로파간다를 체계화한 인물이 바로 앞에서도 다룬 적 있는 'PR의 아버지' 에드워드 버네이즈입니다. 괴벨스는 자신과 동시대에 살았던 버네이즈의 이론을 실제 정치 현장에 철저하게 적용했죠.

프로파간다는 우리 말로는 선전선동이라고 번역합니다. 선전(宣傳)은 대중을 이해시키고 그들에게 공감을 얻는 과정, 선동(煽動)은 이를 바탕으로 대중의 행동 변화를 끌어내는 행위를 의미합니다. 앞서 여론이 사회를 변화시키는 동력이라고 했지요? 선전선동은 계획적으로 여론을 몰아가며 자신들이 원하는 방향으로 사회 변화를 꾀하는 기술이라고 할 수 있습니다.

우리 역사에서도 미디어는 선전선동에 흔히 동원되었습니다. 일제강점기에는 미디어 전 분야에 걸쳐 친일 활동이 전개됩니다. 언론과 문학은 조선 사람들도 일본 천황의 백성이 되어야 한다는

'황국신민화', 조선과 일본은 하나라는 '내선(內鮮)일체' 논리를 펼쳤습니다. 춘원 이광수(1892~1950)처럼 한국 근대 문학을 대표하는 문인도 〈민족개조론〉 같은 글을 써서 일제의 지배를 정당화했죠.

연극은 나치의 국책연극을 모방한 '국민연극'이라는 친일 연극을 상연했습니다. 한국 연극사의 거목이라 불리는 유치진(1905~1974)이 1941년에 무대에 올린 〈흑룡강〉은 식민지 조선, 그리고 일제가 중국에 세웠던 괴뢰국인 만주국은 하나라는 '선만일여(鮮滿一如)' 메시지를 담고 있었는데요. 당시 전국의 학생과 회사원 등 1만여 명을 단체관람에 동원했다고 합니다. 영화도 마찬가지였습니다. 조선의 청년들을 무의미한 전쟁터로 내모는 어용 영화가 판을 쳤습니다. 조선인 지원병 이야기를 다룬 허영 감독의 〈그대와 나〉(1941년), 국경경비대를 소재로 한 이마이 다다시 감독의 〈망루의 결사대〉(1943년) 외에 조선영화제작주식회사의 〈우리들은 지금 출정한다〉(1942년), 〈우리들 군함 깃발과 함께〉(1943년)처럼 제목부터 노골적인 작품도 줄줄이 제작되었죠.

해방 직후 미디어는 좌익과 우익의 싸움터였고, 6·25전쟁 즈음부터 오랫동안은 '빨갱이를 척결하자'라는 반공(反共) 분위기를 퍼트리고 강화하는 데에 봉사했습니다. 저의 초등학생 시절만 해도 "나는 공산당이 싫어요"를 외치다 북한 무장 공비에게 살해된 이승복 어린이의 생애를 다룬 반공 영화를 학교에서 단체로 관람

▲ 전두환 대통령 취임 1주년 기념 홍보물이 서울시청 앞 거리 벽면을 가득 채운 모습
〈출처: 국가기록원〉

했거든요. 제5공화국 시절 '땡전뉴스'도 지도자를 미화한 전형적인 프로파간다 활동이었죠. 선전 영화로 잘 알려진 '대한뉴스'(대한늬우스)는 해방 직후부터 무려 1994년까지 전국 극장에서 의무 상영되었습니다.

미디어를 통한 선전선동은 지금도 계속되고 있습니다. 박근혜 정부의 '문화예술계 블랙리스트' 사건을 보면 여전히 권력자들은 문화예술을 효율적인 선전선동의 수단으로 여기고 있음을 잘

▲ 강원 평창군 이승복기념관에 서 있는 이승복 어린이 동상. 과거에는 국민학교(초등학교) 교정에 이승복 동상이 세워진 경우도 많았다.〈출처: 국가기록원〉

알 수 있지요. 박근혜 정부 시절에 한강의 기적을 다룬 영화〈국제시장〉이 흥행하고, 문재인 정부 시절에는 민주화를 다룬 영화〈1987〉이 흥행한 것도 그저 우연일까요?

　민주주의는 권력의 원천인 시민들이 공동체의 중요한 문제를 충분히 이해하고, 합리적으로 판단할 수 있다는 가정을 전제로 합니다. 그래서 국민이면 누구나 자기 생각을 표현할 수 있고, 일정한 나이가 되면 선거권과 피선거권을 갖습니다. 하지만 시민들의 이해와 판단의 과정에 미디어가 개입하여 선전선동으로 왜곡되는 부분이 많은 것도 사실입니다.

　사실 정부는 선전 활동 없이 국가를 운영할 수 없습니다. 정부가 추진하는 정책을 널리 알리고 국민의 이해를 구하는 국정홍보는 국민의 알 권리를 충족하는 활동으로 볼 수도 있죠. 하지만 알 권리가 아니라 국민의 눈과 귀를 막기 위한 목적으로 왜곡된 정보를 퍼뜨린다면 그것은 정당한 행위로 보기 힘듭니다. 미디어를 동원해 실체 없는 거짓 정보를 퍼뜨리는 선전선동만으로는 권력이 유지될 수 없습니다.

　선전선동으로 구축한 권력의 끝이 어떠한지는 역사가 잘 보여주고 있습니다. 히틀러와 괴벨스는 1945년 2차 세계대전에서 독일의 패색이 짙어지자 차례로 자살로 생을 마감했습니다. 그것이 끝이 아닙니다. 히틀러와 나치에게 권력을 주었던 독일 국민은 수십 년이 지난 지금까지도 과거사 청산이라는 큰 과제를 안은 채 살아가고 있습니다.

가끔 TV나 유튜브를 통해 유행하는 노래 가사를 들을 때면 깜짝 깜짝 놀라곤 합니다. 특히 힙합 음악 가사에는 일상에서 듣기 힘든 각종 욕설과 성적 표현이 담겨 있죠. 이런 노래들이 방송 전파를 타면 청소년들의 생각과 행동에도 적잖은 영향을 미칠 것입니다. 고루한 시각에서 말하자면 건전한 사회풍속을 해칠까 두렵지만, 다른 시각에서 보면 그만큼 우리나라도 미디어 및 예술 분야에서 표현의 자유가 상당히 넓어졌다고 할 수 있겠습니다.

정치 권력은 미디어를 기본적으로 통제 대상으로 보는 경향이

 양귀자의 소설 제목이자, 이를 원작으로 한 장길수 감독의 1994년작 영화 제목이기도 합니다.

있습니다. 책을 불태우고 지식인을 생매장한 중국 진나라의 분서 갱유(焚書坑儒)를 생각해보세요. 미디어의 홍수를 맞은 현대 사회도 다르지 않습니다. 지금도 새로운 정보통신 기술을 기반으로 뉴미디어가 만들어지면 정부는 관련 규제를 만들어 통제부터 하려 합니다.

반대로 우리나라의 컬러TV 도입 과정에서 보듯 권력이 결단을 내리면 미디어의 도입과 확산이 초고속으로 이뤄지기도 합니다. 대신에 이렇게 만들어진 미디어 환경에서 유통되는 콘텐츠는 권력의 입맛에 맞아야 하죠. 그것이 아니면 무자비한 '칼질'을 당합니다.

1956년 5월 우리나라 최초의 민간상업방송인 대한방송이 개국하고, 5년 뒤인 1961년 말에는 KBS가 방송을 시작합니다. 이어 1963년 DBS(동아방송), 1964년 TBC(동양방송), 1969년 MBC가 문을 엽니다. 1960년대에 바야흐로 다채널 TV 시대가 활짝 열린 것이죠.

그런데 다채널 시대에 본격 진입하기 직전인 1962년에 방송 관련 기구가 하나 만들어집니다. 바로 방송 규제를 목적으로 하는 방송윤리위원회입니다.

방송윤리위원회는 채널이 다양화되고 각종 콘텐츠가 늘어나는 상황에서 시청자인 어린이를 보호하고 선정적 방송을 막겠다는 취지로 발족했습니다. 그러고는 방송에 각종 규제를 가하는 역할을 했습니다. 설립 후 10년간 위원회는 규정 저촉 4,925건을 적발하고, 536건의 광고를 규제했습니다.* 아울러 552곡에 달하는 가요의 방송을 금지하기도 했습니다. 그 후 수십 년간 계속된 코미디 같은 금지곡의 시대가 열린 것입니다.

당시의 금지곡을 보면 독재 권력이 미디어와 대중문화를 어떻게 바라보고 다뤘는지 잘 드러납니다. 박정희 정권 시절에는 대중가요 곡들이 별의별 이유로 방송을 금지당했습니다. 예를 들면 송창식의 〈왜 불러〉는 반말을 했다는 이유로, 한대수의 〈물 좀 주소〉는 물고문을 연상시킨다는 이유로, 이금희의 〈키다리 미스터 김〉은 키가 작았던 대통령의 심기를 불편하게 한다는 이유로 전파를 탈 수 없었습니다. 당시 권력자에게 예술의 자율성이나 표현의 자유는 한 줌의 가치도 없는 사문화된 단어에 불과했습니다. 금지곡 제도는 사전심의가 위헌 결정을 받은 1996년까지 이어졌습니다.

헌법재판소는 1996년 사전심의 제도를 규정한 영화법 조항 등이 헌법의 정신에 어긋난다며 무효라는 결정을 내렸습니다. 헌법 21조 2항은 '언론·출판에 대한 허가나 검열과 집회·결사에 대한 허가는 인정되지 아니한다'라며 사전 검열을 분명히 금지하고 있지만 1996년에 가서야 사전심의가 위헌이라는 결정을 받은 것

 김성환 외, 『금지의 작은 역사』, 천년의상상, 2018.

기준	내용
주제	해당 연령층의 정서 및 가치관, 인격형성 등에 끼칠 영향 또는 그 이해 및 수용 정도
선정성	신체 노출과 애무, 정사 장면 등 성적 행위의 표현 정도
폭력성	신체 부위, 도구를 이용한 물리적 폭력과 성폭력, 이로 인해 발생한 상해, 유혈, 신체 훼손, 고통 등의 빈도와 표현 정도
대사	욕설, 비속어, 저속어 등의 빈도와 표현 정도
공포	긴장감과 불안감, 그 자극과 위협으로 인한 정신적 충격 유발 정도
약물	소재나 수단으로 다루어진 약물 등의 표현 정도
모방위험	살인, 마약, 자살, 학교폭력, 따돌림, 청소년 비행과 무기류 사용, 범죄기술 등에 대한 모방심리를 고무, 자극하는 정도

▲ 영상물 등급 분류 고려사항〈출처: 영상물등급위원회〉

입니다. 헌재의 결정이 있기 전까지는 가요계뿐 아니라 영화계도 개봉 전에 작품이 난도질당하는 등 수모를 수도 없이 겪어야 했습니다.

헌재 결정 이후 어이없는 금지곡은 대부분 사라졌지만, 영화인들은 그 후로도 완전한 자유를 얻지는 못했습니다. 사전 심의제가 폐지되고 대신에 등급 심의제가 도입되자 논란은 계속되었습니다.

등급 심의제는 각종 기준에 따라 영화를 '전체 관람가', '15세 이상 관람가', '청소년 관람 불가' 등으로 나누는 방식입니다. 그런데 당국은 일부 작품에는 이런저런 이유로 '등급보류' 판정을 내렸습니다. 등급 판정이 보류된 영화는 사실상 정식으로 개봉할 방법이 없었죠. 영화 등급보류 제도는 2001년에 위헌 결정을 받습니다. 이후 등급보류는 지정된 전용 영화관에서만 상영을 할 수 있는 '제한상영가' 제도로 바뀌었지만, 제한상영가 등급의 영화를 걸 수 있는 전용 영화관이 없어 이 역시도 사실상 개봉을 막는 검열 장치처럼 기능했습니다. 제한상영가 제도 역시 2008년 헌재에서 기준이 불명확하다며 위헌 결정을 했고 이듬해인 2009년에 구체적인 기준이 만들어지며 지금까지 이어지고 있습니다.

검열 제도는 위축 효과를 불러옵니다. 제도를 만든 뒤 몇몇 사례만 강하게 억압하면 권력이 일일이 색출하지 않아도 콘텐츠 제작자들은 스스로 자기를 검열하게 됩니다. 이런 장면을 묘사해도 될까, 주인공이 이런 말을 해도 되는 걸까 하면서요. 자신만의 독특한 생각과 감성을 어떻게 창의적으로 표현할까가 아니라, 이를 권력이 용인할 수 있을까를 먼저 생각하며 드넓은 상상력을 좁은 우리 안에 알아서 가둬버리는 것이죠. 자기 검열이 심해지면 창작의 자유와 표현의 자유는 사실 막혀버립니다. 이런 사회는 콘텐츠를 만드는 사람이나 소비하는 사람 모두 창살 없는 감옥에 갇혀 사는 것과 다름이 없습니다.

그러나 권력의 통제가 언제나 성공하는 것만은 아닙니다. 1979년 미국 보스턴 정부는 로마 칼리굴라 황제의 생애를 그린 영화 〈칼리굴라〉의 상영을 금지합니다. 성적 묘사가 많고 지나치게 잔인하다는 이유였죠. 그러자 호기심이 동한 사람들이 이 영화를 열심히 찾아보기 시작했습니다. 그 결과 아이러니하게도 상영이 금지된 영화가 대중들 사이에 널리 알려지는 현상이 벌어집니다. 하지 말라고 금지하면 더 하고 싶어지는 심리, 즉 '칼리굴라 효과'는 인류의 보편적 감정일 것입니다. 어떤 정보를 숨기려다가 사람들의 관심을 끌며 오히려 그 정보가 온라인상에서 널리 퍼지는 '스트라이샌드 효과'도 이와 비슷하죠.

미디어 사용은 지극히 일상적인 활동입니다. 아무리 권력이 강하다고 한들 거대한 흐름을 거슬러 전 국민의 일상을 하나하나 통제하기는 쉽지 않습니다. 아예 몰랐다면 모를까, 새로운 미디어의 메시지를 받아 변화한 사람들의 삶은, 아무리 애를 써도 그 이전의 모습으로 고스란히 되돌릴 수 없습니다. 이 사실은 독재 권력이 지배하는 고도의 통제 사회에서도 역시 다르지 않습니다.

언론은 민주주의 사회의 필수 기제입니다. 지금껏 살펴본 대로 언론 없이는 시민들이 주권자로서 제 역할을 하기가 어렵습니다. 언론을 제4부라고 부르는 것도 언론이 입법부, 행정부, 사법부에 못지않게 사회에 중요한 역할을 한다는 비유라 할 수 있죠. 그러면 기자들은 공무원일까요? 알다시피 그렇지 않습니다.

언론은 공적인 일을 하지만 언론사는 민간 기업, 그중에서도 중소기업인 경우가 대다수입니다. 기업은 이윤을 창출해야 유지될 수 있는데 언론사도 그 점에서 예외가 아닙니다. 언론사의 매출은 신문이나 방송 콘텐츠 판매 수익을 빼면 광고 수입이 가장 큽니다. 기업 광고가 없다면 당장 기자들의 월급을 주기가 힘들어지죠.

2007년 김용철 변호사의 '삼성 비자금' 폭로 회견을 크게 다뤘다는 이유로 삼성은 《경향신문》과 《한겨레신문》에 광고 게재를 중단했습니다. 광고 중단은 2년가량 계속되었고 그 탓에 두 신문사 기자들은 '고난의 행군'을 이어가야 했습니다. 이처럼 언론이 결기를 보여주려면 상당한 고통이 뒤따릅니다.

　다른 미디어도 사정은 비슷합니다. 유튜브 같은 동영상 플랫폼, 페이스북이나 인스타그램 등 SNS, 각종 인터넷 커뮤니티도 기업 광고나 협찬이 없이는 유지되기 어렵습니다. 언론의 취재·보도 활동뿐 아니라 각종 미디어 활동의 전반에 자본의 입김이 닿을 수밖에 없는 구조인 셈입니다.

　광고 매출을 유지하려는 미디어의 노력은 눈물겹습니다. 신문사의 경우 신문 발행 부수는 해당 매체의 영향력을 보여주는 지표이자 광고 단가를 결정하는 가장 중요한 기준입니다. 신문사 지국들이 몇 개월치 신문을 무료로 제공하고 각종 경품을 걸어 구독자를 유치하는 것도 모두 이 같은 이유 때문이죠.

　2018년에는 '계란판 신문'이 큰 논란이 된 적이 있습니다. 새로 찍은 따끈따끈한 신문이 비닐로 포장된 채 그대로 공장으로 옮겨져 계란판으로 재탄생되는 실태가 만천하에 알려진 것이죠. 모 유력 신문사는 발행 부수를 유지하기 위해 이런 일을 해왔다고 합니다. 수십만 부가 넘는 발행 부수에는 억지 구독자뿐 아니라 이 같은 '유령 구독자'까지 포함되어 있었던 것입니다. 신문을 만들어 그냥 버리더라도 발행 부수가 많으면 신문 제작비를 뽑고도 남을 정도의 높은 광고비를 받을 수 있기에 이런 일까지 벌어지는 것입니다.

뻥튀기 발행 부수 탓에 매체의 영향력과 광고 단가가 왜곡되자 관계 기관들은 힘을 모아 신문 발행 부수를 투명하게 조사하고 공개하는 ABC협회를 구성했습니다. 그런데 최근에는 ABC협회가 공시하는 부수조차 믿을 수 없다는 지적이 계속 나오고 있습니다. 협회에 따르면 2020년 기준 발행 부수 1위인《조선일보》는 약 107만 부, 2위인《동아일보》는 약 84만 부, 3위인《중앙일보》는 약 71만 부를 찍어냅니다. 세 신문사만 더해도 약 260만 가구가 매일 신문을 받아본다는 계산이 나옵니다. 놀라운 수치죠?

언론계의 이 같은 현실을 보면 이런 의문도 들 수 있습니다. 처음에 언론 제도를 고안해낸 사람들은 왜 기자에게 공무원 신분을 부여하지 않았을까요? 그러면 세금으로 월급을 받으면서 안정적인 신분으로 시민들을 위해 더 마음 편하게 일할 수 있었을 텐데 말이죠.

이 질문에 대한 답은 언론의 역할과 밀접한 관련이 있습니다. 만약 기자들이 공무원 신분이었다면 대통령이나 장관을 비판하고 정부 정책의 잘못을 날카롭게 지적하는 것은 거의 불가능했을 것입니다. 기자들도 다른 공무원처럼 거대한 관료제 시스템의 일부분으로서 제도에 순응하고 살아가며 '철밥통'이라는 지적도 받았을 테죠. 언론이 민간 영역에 있기 때문에 그나마 정부의 영향력에서는 어느 정도 벗어나 본래 맡겨진 기능을 해나갈 수 있는 것입니다.

그러나 동전의 양면처럼, 그렇게 함으로써 언론은 자본 권력에 쉽게 휘둘릴 수밖에 없는 처지가 되고 말았습니다.

기자들은 그 옛날 딸깍발이 선비들처럼 돈벌이를 포기하고 고고한 모습으로 살아갈 수 없는 것일까요? 물론 있습니다. 냉혹한 독재 권력에 대항하다 해직당하고 고문까지 견뎌내며 바른 언론의 길을 가고자 했던 뜻 높은 언론인들이 우리 역사에도 존재합니다. 1974년 박정희 정권의 긴급조치에 반대하던 기자와 PD, 아나운서 130여 명이 해고된 동아자유언론수호투쟁위원회(동아투위) 사건 등이 그랬습니다. 하지만 모든 기자에게 이런 모습을 강요한다면 언론 시스템은 제대로 유지되기 어려울 것입니다. 역사의식이 투철한 지사(志士)이거나 월급을 받지 않아도 생활에 문제가 없는 부유층 외에는 기자로 활동할 수 없기 때문이죠.

이상적인 모습은 언론사가 자본의 후원이 아니라 평범한 시민들의 지원으로 운영되고, 기자들은 오직 시민들을 위해 일하는 시스템일 것입니다. 하지만 말처럼 쉽지 않습니다. 이런 문제의식에 따라 자본가가 아니라 평범한 시민들이 주주가 되는 국민주 방식으로 세워진 신문사가 《한겨레신문》입니다. 동아투위 사건 등으로 해고됐던 해직기자들이 주축이 되었죠. 하지만 앞서 보았듯 이 신문사도 기업광고가 끊어지면 정상적인 경영이 어려워집니다.

더구나 모바일 중심으로 뉴스 유통 환경이 바뀌면서 우리나라에는 '뉴스는 공짜 콘텐츠'라는 인식이 널리 퍼져 있습니다. 이런 인식이 앞으로도 계속 바뀌지 않는다면 언론은 지금보다 더 깊숙이 자본 권력에 종속될지 모릅니다. 어디에서도 언론다운 언론을 기대하기 힘든 상황이 벌어지게 되는 것이죠.

'수저계급론'을 거부하라

다음은 TV 일일 드라마에서 자주 보는 스토리입니다. 여주인공
은 가난하지만 화목한 서민 가정 출신입니다. 씩씩한 신입사원인
여주인공은 도도한 재벌가 아드님인 남주인공을 만나죠. 서로 배
경이 다른 둘은 처음에는 사소한 일로 티격태격 다투다가 곧 사
랑에 빠집니다. 여기에 여주인공을 괴롭히는 악녀 캐릭터와의 삼
각관계, 재벌가와 회사를 둘러싼 경영 주도권 싸움 등이 더해지
면 완벽합니다.

　이런 드라마의 결말은 과거에는 집안의 반대 끝에 남녀 주인공
이 행복한 결혼에 골인하는 신데렐라 스토리가 주를 이루었지만,
근래에는 여주인공이 자신의 길을 개척해나가는 주체적 여성 서
사가 각광을 받는 듯합니다. 끝이 어찌 되었든 진부한 클리셰 덩

어리라는 사실은 변함이 없죠.

너무 뻔해 아무런 재미가 없을 것 같은데도 이런 드라마는 꾸준히 제작됩니다. 그리고 침투성이 강한 미디어인 TV에 실려 사람들의 일상으로 스며듭니다. 이런 드라마를 두고 '욕하면서 보는 맛'이 있다고도 합니다. 개연성이 떨어지는 갑작스러운 전개, 인내심을 시험하는 무리한 설정을 비난하면서도, 엉킨 실타래가 막판에 풀려갈 때 느끼는 통쾌함을 시청자들은 포기하지 못하는 것이죠.

그런데 남녀 주인공이 희망찬 미래로 나아가고 악녀가 벌을 받는다고 모든 문제가 해결된 것일까요? 일일 드라마의 해피엔딩은 시청자들에게 안도감을 주지만 사실 많은 문제를 그대로 덮어둔 임시봉합에 지나지 않습니다. 이야기가 진행되며 노출되었던 수많은 현실의 문제는 계속 남아서 비슷한 드라마에서 또 반복됩니다. 마치 우리 사회에 보편적으로 존재하는 시스템인 것처럼 말입니다.

드라마 속에서는 직장 내 괴롭힘, 상사의 갑질이 아무렇지 않게 반복됩니다. 경영이 아니라 지배에 몰두하며 회사를 뒤흔드는 재벌가, 소유와 경영의 희미한 경계, 재벌가의 가족 경영, 낙하산 인사, 부의 대물림 등도 마치 자연스러운 일처럼 드라마의 배경으로 녹아 있습니다.

여러 차례 강조했듯 미디어는 온전한 현실이 아니라 편집되고

금수저	자산 20억 원 이상 또는 가구 연 수입 2억 원 이상
은수저	자산 10억 원 이상 또는 가구 연 수업 8,000만 원 이상
동수저	자산 5억 원 이상 또는 가구 연 수입 5,500만 원 이상
흙수저	자산 5,000만 원 또는 가구 연 수입 2,000만 원 미만
	(이 외에 플래티넘수저, 다이아몬드수저 등 금수저의 상위 계급을 따로 두거나, 각 수저 내에서도 등급을 나누는 등의 다양한 버전이 있음)

▲ 수저계급론이 말하는 수저별 특징

재구성된 현실을 다룹니다. 그런데 그렇게 선택적으로 미디어에 그려지는 우리 사회의 모습은 권력을 가진 사회 주류의 사상이나 이념을 주로 반영합니다. 그리고 그 주류의 사상과 이념이 미디어를 통해 자연스럽게 평범한 사람들에게 전파됩니다.

루이 알튀세르(1918~1990) 같은 마르크스주의 철학자는 학교, 종교단체, 각종 이익집단, 국가 등과 마찬가지로 미디어가 주류 이데올로기의 힘을 유지하는 장치 역할을 한다고 보았습니다. 사회가 빠르게 변한 지금은 그대로 받아들이기 어려운 부분도 있지만, 이런 시각은 미디어를 비판적으로 이해할 때 꽤 도움이 됩니다.

대한민국 사회에서 2010년쯤부터 널리 퍼진 담론 중 하나가 '수저계급론'입니다. 여기에는 부당한 현실에 대한 날카로운 인식과 비판의식이 담겨 있습니다. 사회 진출이나 일자리를 두고 경쟁할 때, 능력이 없으면서도 '금수저'라서 성공하고, 치열하게 노력했지만 '흙수저'라서 기회를 얻지 못하는 사회는 분명히 크게 잘못되었습니다.

그런데 수저계급론은 이런 현실을 어떻게 바꿀지 방법을 얘기하는 것이 아니라, 부당한 현실을 수용하는 자포자기의 논리 혹은 어쩔 수 없다는 식의 운명론으로 쓰이는 경우가 많습니다. 그것은 거대한 부조리 앞에서 부모에 대한 원망과 신세 한탄만 이어가며 말도 안 되는 계급 제도를 현실이란 이름으로 수용하는 것에 지나지 않습니다. 바로 여기서 미디어의 기형적인 개입이 드러납니다. 부당한 현실을 지적한답시고 수저계급론을 퍼뜨리면 퍼뜨릴수록 오히려 청년들 사이에는 어떻게 해도 바뀌지 않는 현실 앞에서의 열패감만 커지는 역설적 상황이 이어지는 거죠. "흙수저, 금수저? 흥, 말도 안 되는 소리"라고 충분히 넘겨버릴 수 있음에도 미디어가 다양한 버전으로 반복하는 이야기에 노출되면서 이를 넘어설 수 없는 현실로 인식해버리는 것입니다.

드라마나 유튜브 영상, 웹툰, 웹소설 등에서 널리 소비되는 '사이다 스토리'도 비슷한 문제를 가지고 있습니다. 이런 종류의 콘텐츠는 부당한 것을 부당하다고 하지 않습니다. 대신에 그 부당함을 다른 부당한 힘을 통해 압도하는 방식으로 사람들에게 통쾌함을 선사합니다.

겉으로는 약해 보이지만 힘을 숨기고 있는 '힘숨찐(힘을 숨긴 찐

251

따)'이 일진들을 평정한다거나, 직원들을 괴롭히는 갑질 고객을 같은 방법으로 응징한다거나, 이유 없이 무시당하던 사람이 부를 과시하며 상대의 코를 납작하게 눌러준다는 식의 참교육 서사들이 모두 그런 식입니다. 사실 우리의 현실에서는 이런 방법이 절대 통할 리가 없는데 말이에요.

이런 이야기의 바탕에는 강자가 약자 위에 군림하는 것은 정당하다는 지배자의 논리가 일관되게 깔려 있습니다. 여기에 익숙해진 사람들은 부당한 현실을 문제 삼는 것이 아니라 강자가 되기 위해 힘을 키우는 데 집중하겠죠. 그리고 자신보다 약한 사람을 짓밟는 것을 아무렇지 않게 생각하게 됩니다. 미디어가 부당한 현실을 지적하면서도 적절한 대안을 제시하지 못해 오히려 부당한 지배구조를 더욱 공고하게 만들어버리는 꼴입니다.

권력과 집안 배경, 돈, 싸움 실력 등이 삶의 질을 좌우하는 계급 사회가 과연 우리가 원하는 대한민국일까요? 대체 언제까지 미디어는 이런 식의 이야기를 만들려는 걸까요?

왜곡된 인식을 퍼뜨리는 것도 미디어이고, 이것을 깨는 것도 미디어입니다. 미디어가 '끝이 좋으면 다 좋다'는 식의 무책임한 해피엔딩, 힘의 논리를 반복하는 참교육이나 응징 대신에, 조금이라도 나은 대안을 이야기 속에 담아간다면 우리 사회도 조금씩 변할 것입니다. 또 시청자들도 아무것도 나아질 것 없는 값싼 통쾌함 대신에, 우리 사회에 더 나은 가치가 무엇인지 약간의 고민

을 더해 앞으로 콘텐츠를 선택한다면 변화의 시기는 더 앞당겨질
것입니다.

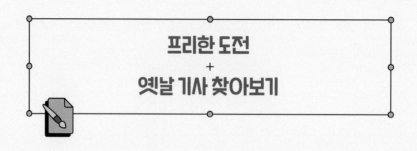

기사는 역사 연구의 기본 재료입니다. 과거 어느 때 일어난 역사적 사건의 전말을 분석할 때는 물론, 그 시대를 살았던 사람들의 생활상을 추적할 때도 유용하죠. 나와 내 주변 사람들이 태어났던 날 대한민국은 어땠을까요? 옛날 신문을 펼쳐 들고 그때로 시간여행을 떠나봅시다.

1. 네이버 뉴스 라이브러리(newslibrary.naver.com)

옛날 신문을 찾아보는 가장 손쉬운 방법은 네이버의 '뉴스 라이브러리' 서비스입니다. 뉴스 라이브러리는 1920년부터 1999년까지 날짜만 입력하면 신문 기사 텍스트와 편집된 지면을 바로 볼 수 있습니다. 필요하다면 기사를 스크랩할 수도 있죠. 다만 서

비스되는 신문이 《경향신문》, 《동아일보》, 《매일경제》, 《조선일보》, 《한겨레신문》 등 5종뿐입니다.

제가 태어난 날은 1982년 10월 19일입니다. 그날 《조선일보》 1면 톱기사는 전두환 대통령과 수하르토 인도네시아 대통령이 청와대에서 정상회담을 열었다는 소식이네요. 네, 바로 땡전뉴스입니다. 제가 태어나던 그 날도 우리 언론은 부지런히 이런 뉴스를 전달하고 있었습니다.

같은 날 《경향신문》 3면 하단에는 '전화 교환원 학원' 광고가 실렸습니다. 전화 교환원은 과거 전화국에서 전화 통화를 연결하거나 번호를 안내해주던 직업입니다. 광고를 보니 이 학원은 기숙사까지 마련해두고 중졸, 고졸 여성들에게 전화 교환 실기 교육을 한다고 합니다. 미디어 기술이 꽤 발전된 시기에 태어났다고 생각했는데 그때만 해도 전화 교환원이 제법 많았던 모양입니다.

그 광고 옆에는 아주 작게 '토룡탕(土龍湯)' 광고가 실려 있습니다. 토룡탕은 지렁이와 한약을 함께 끓인 탕입니다. 혈액순환에 좋다고 하는군요. 어린 시절 저에게 토룡탕을 먹이거나 직접 드시는 어른들을 본 적은 없는데요, 이 광고가 좀 더 크게 실렸다면 얘기가 달라질 수도 있었겠죠. 여러모로 다행입니다.

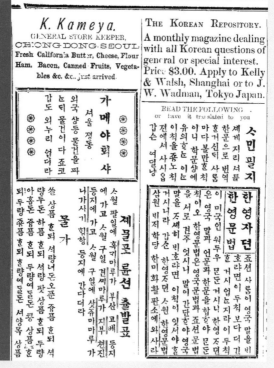

▲ 《독립신문》창간호에 실려 있던 광고들. 한글로 쓰였지만
읽기가 쉽지 않다.〈출처: 국립중앙도서관 신문 아카이브〉

2. 각 신문사 아카이브

유서 깊은 신문사들은 과거 발행한 신문을 디지털화하여 관리
하는 아카이브 사이트를 운영하고 있습니다. 매체에 따라 아직
아카이브 작업이 완료되지 않아 일반 시민들이 이용할 수 없는
곳도 있고, 유료 서비스만 하는 곳도 있습니다. 포털 사이트에서

〈그때 무슨 일이 있었을까〉

주인공	태어난 해	우리나라	세계
나			
엄마			
아빠			
할머니			
할아버지			
형·언니			
동생			

'○○신문 아카이브'라고 검색해보세요. 서비스를 제공하고 있다면 바로 연결이 가능할 것입니다.

아카이브조선(archive.chosun.com)에 접속하면 《조선일보》의 최근 지면을 모두 볼 수 있습니다. 네이버 라이브러리는 1999년까지만 서비스되기 때문에 이후 일어난 일을 알고 싶을 때 유용한 사이트입니다.

날짜를 입력하고 이동하면 그날 신문 1면부터 마지막 페이지까지 면별 제목이 정리되어 있습니다. 단, 기사 본문은 무료로 볼

수 있으나 당시 인쇄된 지면을 보려면 결제를 해야 합니다. 하루
치 500원이네요. 또 1920년 창간 즈음부터 1945년까지 기사는 제
목과 게재일, 필자 등만 확인이 가능하고 본문은 볼 수 없습니다.
이 역시 원문을 보고 싶으면 결제를 해야 합니다.

3. 국립중앙도서관 신문 아카이브 서비스(www.nl.go.kr/newspaper)

지금은 발행되지 않는 옛날 신문 자료들을 보고 싶다면 국립
중앙도서관의 신문 아카이브 서비스를 이용하면 됩니다. 여기에
는 근대적 의미의 신문이 본격적으로 발행된 1920년 이전에 나온
신문 자료들까지 하나하나 정리되어 있습니다. 1883년 창간된 우
리나라 최초의 신문《한성순보》, 1896년에 나온 최초의 민간 신
문이자 순한글 신문인《독립신문》등도 다 볼 수 있습니다. 이 서
비스를 이용하면 할아버지, 할머니가 태어난 날에 벌어졌던 사건
까지 알아낼 수 있겠죠? 다만 세로쓰기는 물론이고, 한자가 많은
데다, 한글 역시 지금과 표기법이 꽤 달라서 읽기가 만만치는 않
을 것입니다.

나는 신문 없는 정부보다 정부 없는 신문을 택하겠다._제퍼슨

6장_폭력

나의 즐거움, 누군가에게는 고통

넷플릭스 드라마 〈오징어 게임〉이 인기를 끌면서 아이들이 하던 놀이의 규칙이 바뀌었다고 합니다. '무궁화꽃이 피었습니다'에서 술래는 '빵'하며 총을 쏘는 시늉을 하고, 이긴 사람이 진 사람의 따귀를 때리는 딱지치기도 유행한다고 합니다. 영국 등 유럽 곳곳의 학교는 '오징어 게임을 따라 하지 말라'는 경고문을 학생들에게 보내기까지 했습니다. 드라마가 큰 인기를 끌면서 아이들이 드라마 속 폭력적 장면들을 따라 하는 부작용이 전 세계에서 생겨난 것이죠. 〈오징어 게임〉은 사실 청소년 관람 불가 등급이지만, 이를 재가공한 콘텐츠가 쏟아지면서 등급은 아무런 의미가 없는 상황이 되어버렸습니다.

미디어의 각종 문제점을 말할 때 콘텐츠의 폭력성은 항상 첫머리에 올라갑니다. 미디어 콘텐츠의 폭력성은 악성 종양처럼 잘라도 잘라도 근절되지 않고 다시 자라납니다. 끊임없는 지적에도 콘텐츠 제작자들이 폭력적 묘사를 포기하지 못하기 때문입니다. 폭력이 주는 스펙터클한 시청각적 자극은 사람들에게 대체할 수 없는 쾌감을 선사합니다. 폭력적 묘사가 완전히 불가능하다면 미디어가 다룰 수 있는 콘텐츠는 상당히 제약될 것입니다.

우리는 부지불식간에 미디어의 폭력성에 꾸준히 노출됩니다. 폭력을 전면에 전시하는 격투기 시합뿐 아니라 일상적인 TV 예능 프로그램과 드라마, 영화, 애니메이션, 게임, 웹툰, 동영상 플랫폼 등 거의 모든 미디어에서 폭력은 콘텐츠의 흥미를 강화하는 요소로 작동합니다.

심지어 뉴스도 다르지 않습니다. 특히 모바일 환경에서 뉴스가 유통되기 시작하면서 언론은 대중의 흥미를 끌기 위해 경쟁적으로 선정적이고 극단적인 사건들을 찾아 보도하는 경향이 강해졌습니다. '아이들에게 뉴스를 보여주기 겁난다'라는 말이 괜히 나온 것이 아닙니다. 폭력 사건을 다룬 뉴스는 안전한 사회를 유지하기 위한 경고 목적이라지만 종종 새로운 범죄의 씨앗이 되기도 합니다.

미디어 속 폭력은 단순히 폭력 장면을 노출하는 것보다 폭력을 어떤 맥락에 두느냐의 관점이 더 큰 문제가 됩니다. 일진이 약한 학생을 괴롭히며 가하는 폭력은 대부분 콘텐츠에서 부정적으로 그려지기에 문제가 덜합니다. 하지만 폭력이 영웅적 행동으로 미화되는 경우는 어떨까요? 정의롭고 멋진 주인공이 폭력의 주체가 되고, 폭력이 처벌받기는커녕 오히려 찬사의 대상이 되며, 다른 해결 방법이 없는 것처럼 폭력이 정당화될 때 폭력에 대한 사람들의 인식은 왜곡됩니다. 어린이나 청소년이라면 폭력을 모방하려는 심리도 더 강해지겠죠. 드라마 〈3인칭 복수〉와 〈모범택시〉, 웹툰 원작으로 드라마까지 만들어진 〈약한 영웅〉 외에 웹툰 〈싸움독학〉, 〈김부장〉 등 학원폭력물이나 액션 히어로물이 대부분 그런 구조를 가지고 있습니다.

그런가 하면 폭력을 코미디처럼 표현하는 연출법도 문제입니다. 누군가의 뺨을 때리거나 꿀밤을 먹이는 장면을 경쾌한 분위기에서 코믹한 음악과 함께 보여주면 사람들은 폭력의 심각성을 잘 알아채지 못합니다. 과거에는 특히 예능 프로그램에서 이런 식의 폭력적이고 자학적인 연출들이 많았습니다. KBS 인기 예능 프로그램 〈1박 2일〉이 과거 이런 문제로 지적을 많이 받았죠.

창의적 욕설이 난무하는 랩 배틀 프로그램은 언어폭력을 잘하는 출연자가 주목받는 시스템입니다. '디스(비난)'를 찰지게 해야 래퍼로서 능력이 뛰어나고, 모욕을 당해도 티를 내지 말아야 쿨한 뮤지션처럼 여겨지죠. 이종격투기 경기와 마찬가지로 래퍼들의 디스전도 대결의 규칙을 받아들인 사람들끼리는 문제가 없습

> 정장 입고 모조리 패버리는 최강 스트리트파이터 ㄷㄷ
> 태권도, 주짓수, 복싱 등 여러가지 무술의 길거리 싸움들
> XX역 칼부림 싸움
> 길거리 싸움에서 무조건 이기는 법
> 취객 길거리 싸움 경찰에게 개털림 ㅋㅋ
> 남자vs여자, 맞짱 길거리 싸움

▲ 유튜브에 올라와 있는 실제 싸움 영상 제목들

니다. 하지만 이를 지켜보는 사람들 사이에 디스가 놀이처럼 퍼지고, 또 이런 문화를 수용할 생각이 없는 사람들에게까지 화살이 되어 날아갈 때는 심각한 폭력이 됩니다.

폭력은 반복될수록 더 선정적인 폭력을 유발하는 경향이 있습니다. 모든 자극이 그러하듯 폭력에 자주 노출되다 보면 어느 순간 둔감해지게 마련입니다. 작은 폭력에 익숙해진 사람들에게 흥미를 주려면 더 강한 폭력을 동원할 수밖에 없죠. 그러면 미디어는 점점 더 기괴하고 엽기적인 폭력을 그리게 됩니다. 권투보다 이종격투기, 그러다가 최소한의 규칙마저 없는 길거리 싸움 장면이 안방 모니터를 차지하는 세상이 오는 것입니다.

물리적 폭력이든 언어폭력이든 폭력은 공동체에서 용인되지 않는 행위입니다. 한 사회의 구성원이 인간으로서 기본적 권리를 누리며 살기 위해서는 근거 없는 폭력으로부터 자유로워야 합니다. 민주주의 사회에서 근거가 있는 폭력이란 법에 따라 철저히 제한적으로 동원되는 국가의 폭력밖에 없습니다. 이를 통해 최소

한의 안전이 보장되지 않으면 사회는 혼란에 빠질 수밖에 없습니다.

미디어에서 폭력성을 완전히 퇴출할 수는 없을 것입니다. 표현의 자유 문제와 연결되는 지점이기도 하니까요. 그렇지만 '폭력은 잘못되었다' '폭력을 정당화해서는 안 된다'는 최소한의 인식만은 저변에 깔려 있어야 합니다. 미디어에서 아무리 '상남자'나 '걸 크러시' 같은 표현으로 포장한다고 해도 폭력은 결코 멋진 행동이 아닙니다. 욕하는 모습이 '쿨해 보인다'거나 욕쟁이 할머니의 욕은 '참 구수하다'라는 따위 얘기도 미디어가 만든 환상일 뿐입니다. 서로를 때리고 욕하는 세상을 그 누가 쿨한 사회라고 부를 수 있을까요?

'캐릭터는 또 다른 나입니다.'

대한민국 1세대 온라인게임으로 지금도 많은 이용자를 보유하고 있는 〈리니지〉는 이용자들이 접속할 때마다 화면에 이 문구를 띄웠습니다. 익명성과 비대면성에 기대어 폭력성을 여과 없이 드러내는 온라인게임 환경에서 이용자들의 경각심을 불러일으킨 명언이었죠. 그러나 리니지 세상에서는 이용자 간 각종 폭력이 난무했습니다. 심지어 캐릭터 사이 다툼이 현실 싸움(이른바 '현피')으로 번지는 사례도 적지 않았습니다. '캐릭터=나'라는 공식을 이상한 방향으로 구현한 셈입니다.

현실 세계와 마찬가지로 사이버 공간에서도 각종 범죄가 일어납니다. 게임뿐 아니라 SNS, 커뮤니티 등 사람 사이 소통을 전제로 한 미디어 세계에서는, 현피를 뜨지 않는 한 물리적 폭력이 불가능할 뿐 그 외에는 오히려 현실에서 일어날 수 없는 형태의 범죄까지 자행됩니다. 경찰청에 따르면 사이버범죄 발생 건수는 2012년 약 11만 건에서, 2016년 15만 건, 2020년 23만 건으로 꾸준히 증가해 왔습니다.

사이버 공간에서 가장 흔하게 발생하는 범죄는 언어폭력입니다. 온라인게임이나 SNS상에는 욕설, 비하 발언, 명예훼손성 발언 등이 가히 일상이라 할 정도로 판을 칩니다. 채팅앱이나 SNS를 이용한 스토킹 범죄, 금품 갈취, 사기 사건도 발생합니다. 성적 수치심을 주고 불쾌감을 유발하는 사진이나 동영상, 음란 메시지를 전송하는 디지털 성범죄도 적지 않습니다.

어릴 때부터 뉴미디어 환경에 익숙했던 청소년 세대에서는 '사이버 학교폭력'도 많이 벌어지고 있습니다. 특히 2020년 코로나19 확산 이후 비대면 소통이 늘어나면서 사이버 공간에서의 학교폭력은 심각한 사회 문제로 떠올랐습니다. 2020년 교육부가 발표한 '학교폭력 실태조사'에 따르면, 학교폭력 피해 유형 중 사이버폭력은 언어폭력(33.6%)과 집단따돌림(26.0%)에 이어 세 번째로 많은 12.3%였습니다. 2019년에 8.9%였던 비율이 코로나19 이후 대폭 늘어난 것입니다.

사이버 학교폭력 중 빈번하게 발생하는 유형이 '사이버 불링(cyber bullying)'입니다. 사이버 불링은 사이버 공간에서 벌어지

구분	비율(%)
언어폭력	33.6
집단따돌림	26.0
사이버폭력	12.3
신체폭력	7.9
스토킹	6.7
금품갈취	5.4
강요	5.4
성폭력	3.7

▲ 학교폭력 피해 유형별 비율〈출처: 2020 교육부 학교폭력 실태조사〉

는 집단따돌림을 의미합니다. 학교폭력예방 및 대책에 관한 법률 2조는 학교폭력 유형의 하나로서 사이버 따돌림을 '인터넷, 휴대 전화 등 정보통신기기를 이용해 학생들이 특정 학생들을 대상으로 지속적, 반복적으로 심리적 공격을 가하거나, 특정 학생과 관련된 개인정보 또는 허위 사실을 유포해 상대방이 고통을 느끼도록 하는 모든 행위'라고 정의하고 있습니다.

특정 대상을 카카오톡 단체 채팅방에 초대한 뒤 욕설이나 비하 발언을 쏟아내는 '떼카', 채팅방을 나가도 계속 초대를 반복해 괴롭히는 '카톡감옥', 반대로 누군가 단체 카톡방에 들어오면 다 같이 방을 나가버리는 '방폭' 등이 모두 학교폭력으로 처벌이 가능한 사이버 불링입니다.

또래 친구와 관계를 중시하는 청소년들은 나쁜 짓이라도 여럿이 함께하면 치러야 할 죗값이 분산된다고 생각하는 경향이 있습니다. 야단도 혼자 맞는 것보다 여럿이 맞으면 낫다고 여기는 것입니다. 큰 착각이죠. 선생님의 꾸중은 모르겠지만 우리나라의 법률은 혼자보다 여럿이 저지른 범죄를 더 나쁘게 봅니다. 혼자 때린 것보다 집단구타를 더 악질로 보고 무겁게 처벌하는 것처럼, 사이버 불링도 1대1 괴롭힘보다 더 중한 벌을 받습니다. 결코 친구들 사이 장난이라는 변명은 통하지 않죠.

사이버 공간에서 범죄는 가해자들이 스스로 범죄라고 잘 인식하지 못하는 가운데 발생하는 경우도 많습니다. 타인의 얼굴을 직접 보지 않으니 그 고통을 가늠할 길이 없고, 자신이 한 짓은 그저 손가락으로 자판을 두드린 것이 전부일 뿐이라고 생각하기 쉽거든요. 사이버 공간에서 쓴 글은 '삭제하면 그만'이라고 생각하기도 합니다. 하지만 현실에서 우리의 삶을 돌이킬 수 없듯, 사이버 공간에서 본인이 한 짓도 돌이킬 수 없는 게 당연합니다.

자신의 행동이 잘못되었다는 분명한 인식이 없으면 범죄는 반복됩니다. 그리고 반복된 범죄의 끝은 누군가의 극단적 선택, 인간성의 말살 등으로 이어집니다. 그에 비하면 고소장이 날아오고 경찰에서 수사를 받고 처벌을 받는 일 따위는 아무것도 아니죠. 내가 나의 이름으로 눈앞에 있는 친구에게 해서는 안 되는 짓은 사이버 공간에서도 하지 말아야 합니다. '캐릭터는 또 다른 나입니다'라는 간단한 명언, 그것만 명심하면 됩니다.

인간이 직접 경험해 배우는 것은 한계가 있습니다. 대신 미디어가 있기에 각자 습득한 경험과 지식을 기록하고 공유하면서 개인과 사회의 발전을 도모할 수 있죠. 그런데 지금껏 봐왔듯 미디어가 세상을 공정하고 객관적으로 기록하는 것만은 아닙니다. 반대로 미디어는 사람들에게 특정 대상에 대한 선입견을 심고 편견을 강화하는 부작용을 낳기도 합니다. 그렇게 왜곡된 인식이 퍼져나가면 그 끝에는 죄책감은커녕 확신에 찬 차별과 혐오만이 남게 됩니다.

우선 많은 종류의 차별 가운데 인종차별은 과거 우리 사회에서는 확실히 주목하지 않았던 문제입니다. 국내 거주 외국인은 1990년대까지 극소수였습니다. 외국인 거주 인구를 공식 집계하

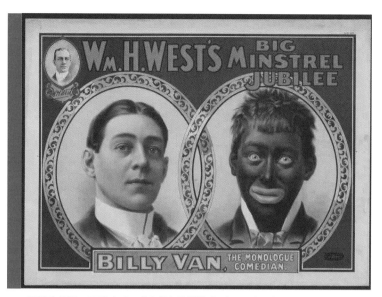

▲ 19세기 중반~20세기 초 미국에서 유행했던 민스트럴쇼의 포스터. 민스트럴쇼는 흑인으로 분장한 백인 코미디언이 과장된 몸짓 등으로 흑인을 희화화하는 내용의 전형적인 블랙 페이스 공연이었다. 1960년대부터 흑인 민권 운동이 일어나자 금기시되었다.〈출처: 미국 의회 도서관〉

기 시작한 2006년에 총인구 대비 외국인 비율이 고작 1.1%였죠. 해외여행이 자유화된 것이 1989년이니 1990년대까지도 해외여행을 나가 외국인을 만나며 몸소 인종차별을 경험할 수 있는 사람들도 많지 않았습니다. 차별받은 경험이 드물고, 차별할 대상도 많지 않았으니 인종차별이 사회적 이슈로 다뤄지지 않은 것입니다.

그렇다고 우리나라에 인종차별이 없었던 것은 아닙니다. 피부를 검게 칠하고 두꺼운 입술을 강조한 분장을 한 채 연기하는 '블랙 페이스(black face)'는 코미디 프로그램에서 사용하는 흔한 개그 코드였습니다. 〈시커먼스〉라는 코미디 코너가 유행할 당시엔 피부색이 까무잡잡한 친구들은 하나같이 '시커먼스'라고 놀림을 당했지요. 시커먼스는 1988년 서울올림픽을 목전에 두고서야 흑인 비하라고 하여 폐지되었습니다. 참고로 미국에서는 같은 이유로 1960년대부터 블랙 페이스가 금기시되었습니다.

요즘에는 흑인 남성을 '흑형'이라 지칭하기도 합니다. 이 단어가 사용되는 맥락은 주로 흑인의 우월한 운동능력이나 음악적 재능을 높이 평가하려는 의도인 듯합니다. '흑형들은 농구 잘하는 유전자를 타고나는 것 같아', '흑형은 음식 주문하는 것도 힙합 음악 같네' 같은 식이죠. 비하 의도는 없다지만 이 역시 인종차별의 일종입니다. 단순히 피부색만을 기준으로 특정 인종에 고정관념을 덧씌운 것이기 때문입니다. 친근함으로 포장한 차별이라고 할까요.

근래 우리나라 미디어가 집중적으로 확대·재생산하는 인종차별은 주로 중국동포(조선족)를 겨냥한 것들입니다. 나홍진 감독의 〈황해〉(2010년), 박훈정 감독의 〈신세계〉(2013년), 강윤성 감독의 〈범죄도시〉(2017년) 등 큰 인기를 누렸던 누아르, 범죄액션물에서 중국동포는 무자비한 범죄자로 그려집니다. 〈범죄도시〉가 한창 인기를 끌 때는 중국동포가 많이 사는 서울의 대림동 같은 동네는 범죄 소굴로 낙인찍혀 사람들의 발길이 끊어질 정도였다고 합니다.

미디어는 외국인을 인종이나 출신 국가에 따라 전형성을 가진 인물로 자주 묘사합니다. 다음 단어에서 떠오르는 이미지를 천천히 그려보세요. '이주 노동자, 결혼 이주 여성, 외국계 은행 임원, 미국 변호사, 원어민 영어 강사, 불법 체류자, 해적…' 어떤 이미지가 떠오르나요? 그런데 이들 중에 여러분이 직접 만나 대화해본 적이 있는 부류의 사람은 몇 명이나 되나요? 경험한 적이 없지만 특정한 이미지가 떠오른다는 것은 미디어가 주입한 선입견과 편견이 우리 안에 이미 작동하고 있다는 뜻입니다.

과거에 비하면 최근 우리 국민의 다문화 인식이 많이 개선된 것은 사실입니다. 2020년에 총인구 대비 외국인 비율이 5%에 육박했고, 해외 생활이나 여행을 경험한 인구도 늘어나면서 조금씩 이 문제에 대한 사회적 관심이 넓어진 덕분입니다.

엠브레인 트렌드모니터의 '2022 다문화 가정 관련 인식 조사 보고서'를 보면 응답자의 61.3%가 '스스로 인종에 대한 편견이 있다고 느낀다'라고 답했습니다. 10명 중 6명이 편견이 있다고 답했으니 문제가 심각한 것처럼 보일 수 있습니다. 하지만 다르게 생각할 수도 있습니다. 편견이 있다고 자각한다는 것은 현실을 개선할 여지가 있다는 의미이기도 합니다. 블랙 페이스 코미디를 보고 아무렇지 않게 웃고 즐기던 때와는 인식 수준이 완전히 달라진 것이죠.

미디어는 인종차별 외에도 다양한 종류의 차별을 만들어냅니다. 세대에 따라 어린이와 청소년, 노인에 대한 그릇된 고정관념을 심거나, 질병과 장애에 대한 편견을 주입하기도 합니다. 성인이 되기 전까지 지방에서 자랐던 저는 TV 출연진들이 서울 사람들이나 알 만한 동네 이름이나 지하철역 이름 등을 아무렇지 않게 이야기하는 것이 늘 불만이었습니다. 우리나라 방송은 지금도 서울을 중심으로, 그 외 '지방'은 주변부로 보고 프로그램을 만듭니다. 드라마의 등장인물이 맡은 역할에 따라 특정 지역 사투리를 사용하여 편견을 강화하는 것도 한 예입니다. 이뿐 아니라 외모, 재산, 학력, 고용 형태, 거주 형태, 취향, 생활 방식 등 수많은 부분에서 미디어는 고정관념을 퍼뜨리고 차별을 만들어냅니다.

차별이 일상화된 세상에서는 누구도 행복할 수 없습니다. 인간을 구성하는 모든 조건을 둘러싸고 차별이 이뤄지는데 어느 누가 차별 없는 무풍지대에서 고고하게 존재할 수 있을까요?

사람은 누구나 어떤 환경에서는 소수자, 약자가 될 수 있습니다. 내가 소수자·약자가 되었을 때 부당한 차별과 혐오를 아무렇지 않게 받아들일 수 있는 사람은 많지 않을 것입니다. 이렇게 입장을 바꿔 보면 우리의 일상에서 차별은 결코 용인할 수 없는 행위라는 사실이 자명해집니다.

부당한 차별을 근절하기 위해 우리는 현실을 바로 보고 편협한 인식의 지평을 넓혀가야 합니다. 그리고 지금도 반성할 줄 모르고 나태하게 낡은 사고를 반복하는 미디어 종사자에게 강력한 일침을 가해줘야 합니다. 변화는 그런 움직임에서 시작됩니다.

우리나라의 페미니즘 논의는 2016년 서울 강남역 살인사건[*] 이후 본격화되었습니다. 여성단체나 지식인 계층의 페미니즘 논의는 훨씬 전부터 있었지만, 이것이 사회의 주요 담론으로 전면화되고 대중화 또는 일상화된 것은 2016년 사건과 그 해부터 이어진 '미

> 30대 남성 김성민이 2016년 5월 17일 서울 지하철2호선 강남역 앞 노래방 건물의 화장실에 숨어 있다가 한 번도 만난 적 없던 20대 여성을 살해한 사건입니다. 처음에는 '묻지마 살인'으로 알려졌으나 김씨의 여성혐오가 주요 범죄 동기라는 사실이 드러나면서 젊은 여성들 사이에 추모 운동이 일어났습니다.

투(MeToo) 운동[*]의 공이 컸습니다. 특히 청년 세대 사이에는 페미니즘에 대한 남녀의 인식이 첨예하게 대립하면서 2022년 21대 대통령 선거에 이 문제가 큰 영향을 미치기도 했죠.

페미니즘(feminism)은 남성 중심 사회의 낡은 관습을 깨고 여성의 권익을 신장하기 위한 사회운동을 의미합니다. 페미니스트 사이에서도 다양한 생각과 운동 방식이 존재하지만, 최근에는 양성(여자와 남자)평등을 넘어 퀴어(Queer, 성소수자)에 대한 차별 반대 등 다양한 성 정체성을 모두 아우르는 성평등 운동으로 확대되었습니다.

미디어 분야에서도 성평등은 꽤 오래된 이슈입니다. 2016년 이전에도 정부는 방송과 통신, 광고 등을 모니터링하며 성 차별적 콘텐츠에 제재를 가했고, 언론계나 학계에서도 좀 더 성평등한 미디어 환경을 만들기 위한 치열한 반성과 매서운 지적이 적지 않았습니다. 미디어를 통해 사람들이 세상을 이해하고 배운다는 점 때문에 다른 분야보다 더 예민하게 이 문제를 다뤄온 것입니다.

> '나도 당했다'는 의미로, 성폭력 피해 경험을 공개적으로 알려 가해자가 죗값을 치르게 하고 성폭력이 발생하는 사회 구조적 문제에 대한 논의를 증폭시킨 운동입니다. 한국에서는 대표적으로 연출가 이윤택, 안희정 전 충남지사 등의 가해 행위가 미투를 계기로 알려졌습니다.

이런 노력에 힘입어 미디어 속 성차별이 모두 해소되었다면 좋았겠지만, 불행히도 그렇게 되지는 않았습니다. 방송통신심의 위원회가 '양성평등 규정 위반'으로 제재를 가한 경우는 2018년 39건(전체 제재의 6.4%), 2019년 24건(4.6%), 2020년 26건(5.1%), 2021년 10건(3.5%) 등입니다. 이 수치는 과징금이나 행정지도 등 강도 높은 제재만 따진 것으로 빙산의 일각에 지나지 않습니다. 방송통신심의위원회의 2018년 '방송프로그램의 양성평등 실태조사'에 따르면 조사 대상 예능 프로그램의 61.5%, 생활 정보 프로그램의 50.5%가 성차별적 내용을 포함한 것으로 나타났습니다.

여전히 많은 드라마나 예능, 교양 프로그램에서 성별만을 근거로 남성은 주체적, 여성은 의존적이라는 고정관념을 퍼뜨리고 있습니다. 특히 일상생활의 표준을 제시하는 광고는 여전히 가사노동은 여성의 임무이며 여성에게 모성애는 절대적 가치라는 편견을 은연중에 드러내죠. 가정의 모습을 4인 가족 기준으로 보여주는 것, 여성의 위치가 주로 주방 주변인 것, 살림살이를 돕는 가전제품 광고 모델이 거의 여성인 점 등도 변치 않는 고정관념을 보여주는 예입니다. 또 방송 카메라는 남성의 시각에서 여성의 신체를 포착하길 주저하지 않습니다. 뉴스는 '어이없는 교통사고를 낸 김 여사'처럼 각종 사건 사고에 불필요하게 성별을 강조하는 행태를 반복하고요.

물론 과거와 비교해 일부 개선된 점도 있습니다. 미디어계 내부의 자정 작용을 통해 바뀐 대표 사례로 뉴스 진행자의 성별 구도를 들 수 있습니다. 과거에는 중후한 남성 앵커와 젊은 여성 아나운서의 조합이 방송사를 불문한 뉴스 진행의 일반적 구도였습니다. 하지만 이에 대한 비판이 방송사 안팎에서 꾸준히 나오면서 요즘은 이 구도가 깨진 사례가 속속 등장하고 있습니다. KBS는 2019년에 지상파 최초로 여성 기자를 9시 뉴스의 메인앵커로 발탁했죠. 여전히 대다수의 일기예보는 여성 캐스터가 맡아 진행하지만요.

낡은 성별 구도를 깨고 개성 있는 여성 주인공을 등장시킨 영화나 드라마도 꽤 많아졌습니다. 남성에 의존하지 않고 주도적으로 문제를 해결하고, 독보적인 전문성을 가졌거나, 권력 투쟁의 한가운데에서 미인계가 아닌 정치력으로 승부를 보는 여성 캐릭터 등이 이제는 어색하지 않습니다. 여성 MC를 전면에 내세운 예능 프로그램도 만들어지고 있습니다.

그러나 이런 프로그램 속 여성은 개인의 특출난 능력으로 남들과 다른 성취를 이뤄낸 사례가 대부분이라는 점을 잊어서는 안 됩니다. 몇몇 능력자가 눈에 띄는 결과를 만들었다고 해서 미디어 속 성차별이 모두 해결되는 것은 아닙니다. 소수의 예외를 가지고 성차별이 없다고 단언하고 모순적 구조에 대해 눈을 감아버리면 오히려 성차별적 현실을 그대로 내버려두는 꼴이 됩니다.

더구나 공공성을 끊임없이 요구받는 언론이나 방송의 영역을 벗어나면 성차별은 여전히 일상입니다. 남성이 좋은 차를 타고 값비싼 시계를 차면, 젊고 예쁜 여성이 쉽게 따라온다는 편견 가득한 스토리는 유튜브에서 꾸준히 제작되고 소비됩니다. 각종 인터넷 커뮤니티는 남초/여초(이용자 중 특정 성별이 많다는 의미)로 나뉘어 여혐(여성혐오)과 남혐(남성혐오)를 일상적 콘텐츠로 즐기고는 합니다. 극단적인 성별 대결 구도에 '백래시(backlash, 사회 변화에 대한 반발 행동)'가 나타나기도 하죠.

성차별은 모든 사람에게 불편한 행위입니다. 내가 대상이 아니라고 해서 주위에 만연한 차별 행위를 바라보는 것이 즐겁지만은 않습니다. 여성과 소수자뿐 아니라 남성도 당연히 차별의 대상이 될 수 있습니다. 미디어가 재생산하는 '남성은 능력, 여성은 외모'라는 낡은 관념은 남성에게도 폭력이 되는 것처럼, 여성성/남성성에 대한 편견은 우리 모두를 힘들게 합니다.

다른 차별과 마찬가지로 성차별도 해결의 열쇠는 다양성에 있습니다. 여성이나 남성, 성소수자를 특정 이미지 속에 가두지 않고 인간이 가진 각자 개성을 다양하게 묘사하는 것이 중요합니다. 미디어가 다양성을 고려하지 않고 성 정체성에 대한 '모범'을 제시하면서 여기서 벗어나는 사람들을 예외적 존재처럼 그릴 때 폭력은 시작됩니다. 현실 세계에서 과연 모범 답안대로만 살 수 있는 사람이 얼마나 될까요?

1992년 10월 29일 연세대 국어국문학과 교수이자 소설가였던 마광수(1951~2017)는 강의 도중에 경찰에 의해 수갑이 채워진 채 연행됩니다. 지식인의 대표적 부류인 교수가 음란한 소설을 써냈다는 이유였죠. 예술과 외설의 경계, 또 '음란함이란 무엇인가'라는 질문을 우리 사회에 던졌던 『즐거운 사라』 사건입니다.

마 교수는 당시 "10년만 지나면 이 일은 코미디가 될 것"이라고 예언했는데요, 『즐거운 사라』보다 훨씬 노골적인 성적 표현이 담긴 콘텐츠도 버젓이 유통되는 것을 보면 그 예언은 이제 현실이 된 듯합니다.

▲ 마광수(1951~2017) 전 연세대 교수〈출처: 서울신문〉

인류는 오래전부터 미디어를 통해 '성적 표현물'*을 유통해 왔
습니다. 성행위를 표현한 춘화(春畵)는 기원전부터 그려졌으며

일반적으로 사용하는 음란물이란 단어는 법적으로는 불법 콘
텐츠를 의미합니다. 일상적 의미로 성적 표현이 음탕하고 난
잡한 콘텐츠라는 뜻도 있지만 여기서 음탕과 난잡이란 단어는
지극히 주관적 판단을 담고 있습니다. 또 이것을 만든 사람,
출연한 사람, 보는 사람 가운데 누가 음탕하고 난잡하다는 것
인지도 불분명하죠. 그래서 가치 중립을 지킨다는 뜻에서 성
적인 표현을 포함한 콘텐츠를 총칭할 때 이 표현을 씁니다.

Warning

불법·유해 정보(사이트)에 대한 차단 안내

지금 접속하려고 하는 정보(사이트)에서 불법 성매매·음란 관련 정보가 제공되고 있어
이에 대한 접속이 차단되었음을 알려드립니다.

해당 정보(사이트)는 방송통신심의위원회(KCSC)의 심의를 거쳐
「방송통신위원회의 설치 및 운영에 관한 법률」에 따라 적법하게 차단된 것이오니
이에 관한 문의사항이 있으시면 아래의 담당기관으로 문의하여 주시기 바랍니다.

※ 차단안내페이지(warning.or.kr)를 도용한 파밍사이트가 발견되어 각별한 주의가 필요합니다.
(차단안내페이지는 개인정보를 요구하거나 프로그램 설치를 유도하지 않습니다.)

▲ 법이 허용하는 범위를 넘는 불법 콘텐츠를 유통하는 사이트는 아예 접속할 수 없도
록 차단한다.

우리나라에도 조선 시대 춘화첩이 여럿 남아 있습니다. 이런 종
류의 콘텐츠는 대중매체 시대가 열리며 더 빠르게 또 널리 퍼지
게 됐고, 새로운 미디어와 정보통신기술이 발전할 때마다 여기
힘입어 새로운 형태로 발전했습니다. 이처럼 미디어와 성적 표현
물은 동전의 양면처럼 떼놓고 얘기할 수 없는 관계입니다.

미디어 속 성적 표현은 다양한 모습으로 나타납니다. 형태 별
로는 이미지나 영상 외에도 텍스트, 심지어 ASMR 같은 청각 콘
텐츠에도 성적 표현이 담깁니다. 강도에 따라서는 아예 불법 영
역에 있는 음란물에 가장 노골적으로 표현되어 있지만, 누구나
접근할 수 있는 일반 콘텐츠라고 해서 청정 지역인 것은 아닙
니다.

우리나라는 과도한 성적 표현을 담고 있는 콘텐츠는 정보통

신망법, 청소년보호법 등에 따라 청소년보호위원회가 청소년유해매체물, 이른바 '19금' 콘텐츠로 지정합니다. 또 별도로 영화와 비디오, 광고 등은 영상물등급위원회가, 책이나 잡지 같은 출판물은 간행물윤리위원회가, 게임은 게임물관리위원회가 등급을 매깁니다. 19금 콘텐츠는 불법 콘텐츠인 음란물과는 다르며, 성인들만 이용하도록 규정한 합법 콘텐츠입니다. 하지만 주지하다시피 미성년자가 여기 접근할 수 있는 통로는 너무나 많습니다.

그리고 모든 콘텐츠에 등급을 매길 수도 없습니다. 영화, 비디오, 광고, 서적, 게임 외에 요즘은 각종 동영상 플랫폼과 SNS에서 활동하는 크리에이터, 인플루언서도 성적 표현이 담긴 콘텐츠를 쏟아냅니다. 아프리카TV 같은 개인 방송 플랫폼은 자체적으로 19금 딱지를 붙여 청소년의 접근을 막습니다. 그러나 대다수 뉴미디어 영역에서 19금과 19금이 아닌 것 사이의 경계는 희미해졌습니다. 19금이 아닌 일반 콘텐츠에 훨씬 노골적인 성적 표현이 담기기도 하죠.

현대 사회의 성적 표현은 필연적으로 성 상품화 문제와 연결됩니다. 성 상품화는 성관계를 돈으로 바꾸는 성매매뿐 아니라, 인격의 한 부분인 성을 상품의 소비 촉진 용도로 활용하는 모든 행위를 의미합니다.

과도한 노출을 하는 10대 아이돌, 성적 매력을 전면에 세운 배우와 모델, 크리에이터, 인플루언서 등의 활동은 모두 성 상품화 요소를 가지고 있죠. 대중의 관심을 끌기 위해 게임이나 웹툰에 노출이 심한 캐릭터를 등장시키는 것도 마찬가지입니다. 2021년 승무원 유니폼을 입은 자신의 모습을 영상으로 올린 한 여성 유튜버를 항공사 측이 고발하면서 인터넷 공간이 뜨거워진 적이 있습니다. 당시 기자들은 온갖 선정적 제목을 갖다 붙이며 이 사건을 반복적으로 보도했습니다. 언론이 성 상품화를 비판하는 척하며 오히려 이를 '클릭 장사'에 활용한 것이었죠.

성 상품화 문제는 다양한 시각에서 볼 필요가 있습니다. 성매매처럼 불법이 아닌 이상 자신이 가진 성적 매력을 어떻게 활용할지는 당사자에게 달린 문제이기도 합니다. 직업 선택의 자유가 있는 사회에서 성적 매력을 돈으로 환산하는 직업을 무조건 매도하거나 금지할 수는 없는 노릇입니다. 만약 그렇게 한다면 모든 종류의 연예 활동부터 당장 어려워지고 미디어가 우리에게 주는 즐거움도 반감될 것입니다.

다만 성 상품화는 성적 대상화 현상을 유발한다는 점에서 주의가 필요합니다. 성적 대상화란 누군가를 인격체가 아니라 성욕 해소를 위한 수단으로 취급하는 현상을 말합니다. 2021년 세계적으로 유명한 한 여성 한류 그룹의 뮤직비디오에 어느 멤버가 몸에 착 달라붙은 간호사복을 입고 하이힐을 신은 채 연기한 장면이 담겨 논란이 된 적이 있습니다. 전국보건의료산업노동조합은 '여성과 간호사에 대한 성적 대상화, 성 상품화에 단호히 반대한다'고 성명까지 냈습니다. 그 뮤직비디오 장면 같은 모습의 간호사는 현실 세계에 존재하지 않는데 미디어가 특정 직업에 대한 왜곡된 인식을 퍼뜨렸기에 문제가 된 것입니다.

성적 대상화는 특히 청소년들에게 그릇된 성 인식을 심어준다는 점에서 문제가 큽니다. 때로는 성범죄의 원인이 되기도 하죠. 연예인, 방송인, 스포츠 스타, 인플루언서 등 미디어에 자주 노출되는 사람들은 늘 성적 대상화의 위험에 놓여 있습니다. 연예인의 모습을 음란물에 합성하는 디지털 성범죄가 발생해 경찰이 수사에 나서는 일은 이제 더는 낯설지 않습니다.

성에 관한 문제는 기본적으로 사생활 영역에 속합니다. 국가가 일일이 제약할 수 없죠. 그러나 미디어를 통한 성적 표현의 유통은 사회적 문제에 해당합니다. 여기에 적절한 규제가 없으면 사회 질서가 무너지고 사람들은 심각한 기본권 침해를 겪게 됩니다.

미디어의 성적 표현을 어디까지 허용할지는 결론을 내리기 쉽지 않습니다. 다만 성욕을 포함한 인간의 감각적 욕망은 자극에 익숙해지면 무뎌지고, 무뎌지면 더 큰 자극을 원하는 경향이 있다는 점을 잊지 말아야 합니다. 미디어가 이 욕망에 충족하는 데에만 몰두한다면 지금껏 우리가 말한 공공성은 대체 어디에서 찾을 수 있을까요?

'절름발이, 지랄병, 불구, 검둥이, 튀기, 살색, 결손가정, 노처녀, 매춘부, 노가다, 식모…'

위 단어들엔 공통점이 있습니다. TV나 신문 같은 기성 미디어에서는 이제 더는 쓰이지 않는 표현이라는 점입니다. 청소년들에게 일부 단어는 정말 생소할지도 모르겠습니다. 이런 표현들이 미디어에서 사라진 이유는 바로 정치적 올바름과 깊은 관계가 있습니다.

정치적 올바름(political correctness, PC)은 모든 표현에서 인종, 민족, 언어, 성, 종교, 장애 및 질병 여부에 따른 차별 등 편견이 포함되지 않도록 하자는 사회운동입니다. 다인종·다민족 국가이자 다양성의 가치를 중시하는 미국에서 1970년대부터 유행했던 것으로, 우리나라에는 2000년대 초반에 등장했습니다. 처음에는 시민단체 활동가나 진보 지식인 정도가 제한적으로 여기 호응했지만, 조금씩 기성 미디어가 이를 수용하기 시작했고, 근래에는 인터넷 커뮤니티를 통해 평범한 시민들에까지 널리 알려졌습니다.

PC 운동에는 기본적으로 언어가 사고를 지배한다는 생각이 전제로 깔려 있습니다. 어떤 언어를 사용하느냐가 그 사람의 생각, 나아가 행동 방식에 영향을 미치기에 차별을 없애려면 먼저 윤리적으로 적절한 언어를 사용하도록 노력해야 한다는 것이죠. 이 때문에 PC 운동은 기존에 쓰이는 표현 중에서 차별적 요소가 담겼거나 모욕적인 것을 찾아내고 이를 대체하는 중립적인 표현을 만들어 퍼뜨리는 형태로 많이 이뤄집니다.

예를 들어 과거에 사용한 장애를 비하는 표현들은 모조리 대체어가 만들어졌으며, 전에 흔히 쓰던 표현들은 지금은 문학 작품이나 영화 속에서나 겨우 만날 수 있습니다. 절름발이는 지체장애인, 앉은뱅이는 하반신장애인, 애꾸나 봉사는 시각장애인, 벙어리와 귀머거리는 언어장애인으로 순화해 사용합니다. 또 앉은뱅이책상, 벙어리장갑처럼 문제가 있는 단어를 포함한 합성어들도 하나하나 사라지고 있습니다. 장애자/일반인의 구분도 장애인/비장애인으로 바뀌었죠.

성평등 논의가 활발해지면서 성차별적 요소가 담긴 단어들도 하나하나 대체되고 있습니다. 지금은 예술계에서 처녀작이라는 표현이 완전히 사라졌습니다. 첫 작품을 의미하는 이 단어에는 유독 여성에게만 순결을 강조한 남성 중심 사회의 낡은 사고가 바탕에 깔려 있습니다. 요즘은 이를 대신해 데뷔작이라는 표현을 씁니다. 여성에게 인구 감소의 책임을 묻는 저출산 대신에 중립적인 저출생을, 육아는 엄마 몫이라는 불평등한 인식이 담긴 유모차 대신에 유아차를 쓰자는 움직임도 이어지고 있습니다.

아울러 잼민이(초등학생 비하), 급식충(중고등학생 비하), 틀딱(노인 비하) 같은 어떤 세대를 비하하는 표현, 지잡대처럼 학력 차별을 조장하고 서울 외 지역을 비하하는 표현, 노가다를 비롯해 특정 직업을 낮잡아 부르는 표현 등을 사용하지 말자는 것도 모두 PC의 일환입니다.

PC는 차별 반대, 약자에 대한 존중에서 무엇이 윤리적 행위인가라는 문제로까지 확장됩니다. 계급 불평등, 빈부격차, 비인격적 대우에 대한 비판, 친환경, 생태주의 등 사실상 낡고 잘못된 규범을 바로잡는 전반적 활동을 모두 PC와 연결하기도 하죠.

이처럼 사회적 영향력이 커지면서 기업이 전략적으로 PC를 활용하다가 논란을 유발하는 일도 있습니다. 작품의 맥락과 무관하거나 원작을 훼손하며 무리하게 흑인을 영화나 소설의 주인공으로 내세우는 '블랙워싱(black washing)', 실상과 다르게 친환경적인 것처럼 제품과 기업을 홍보하는 '그린워싱(green washing)' 등이 그런 예입니다.

PC는 소신이자 행동양식입니다. 언어에 매몰되고 겉포장에 치중하는 수준에서만 PC를 들먹인다면 위선이라는 비판을 피할 수가 없습니다. PC가 확산하면서 반작용으로 생겨난 '반PC'도 상당 부분은 이런 위선적 PC 탓이 큽니다. 일부의 사람들이 PC를 소위 '개념 탑재', 즉 일종의 윤리적 우월성을 과시하는 행위 정도로 여기면서 거부 반응을 키운 것이죠.

PC는 언어를 중요한 수단으로 하지만 사실 PC의 진정한 가치는 언어를 넘어선 지점에 있습니다. 모든 종류의 차별을 거부하고, 윤리적인 행동이 무엇인지 일상적으로 고민하고 이를 실천하는 것, 그것이 PC가 진정으로 추구하는 길입니다. 이것이 전제되지 않으면 PC는 때마다 사용하는 단어만 바꿔 가는 유행어 놀음에 지나지 않습니다.

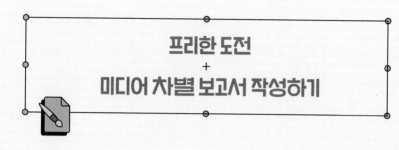

프리한 도전
+
미디어 차별 보고서 작성하기

우리가 일상적으로 소비하는 콘텐츠에는 다양한 차별적 요소가 숨어 있습니다. 기성 미디어는 스스로가 지역, 세대, 계층, 인종, 종교, 성별 간 차별과 편견, 갈등을 조장하지 않는지 점검할 의무가 있지만 그렇다고 해서 차별적 표현이 100% 걸러지지는 않습니다. 미디어 차별 보고서를 작성해보면 그동안 내가 얼마나 많은 차별 표현에 노출되었는지 실감하게 될 것입니다.

우선 모니터링 대상을 정합니다. 즐겨보는 TV 프로그램도 좋고, 과거에 보았던 영화도 좋습니다. 차별 보고서를 작성해보면 평소 내가 알던 프로그램이나 영화가 새롭게 보일 것입니다. 광고를 대상으로 한다면 노출 시간대를 정하거나, 특정 종류 제품의 광고를 집중적으로 분석하는 것도 괜찮은 방법입니다.

모니터링을 하기 전에는 각종 차별에 대한 기준을 이해하고 어떤 부분을 집중해서 볼지 미리 정하는 것이 효율적입니다. 방송통신심의위원회 규칙인 '방송심의에 관한 규정'을 한번 읽어보면 도움이 됩니다. 규정은 인터넷 포털에서 검색하면 금방 확인할 수 있습니다.

규정 29~32조에는 어떤 내용이 차별인지 큰 틀에서 정리되어 있습니다. 특정 성에 대한 부정적·희화적·혐오적 묘사, 외모나 성격, 역할에 대한 획일적 규정, 성 역할에 대한 고정관념 조장, 특정 인종·민족·국가에 대한 편견 조장, 타문화 조롱, 특정 종교 모독 등이 기준이죠.

특히 성차별은 여성가족부에서 발간한 『양성평등 방송프로그램 제작 안내서』가 큰 도움이 됩니다. 안내서는 성차별에 대한 5개 준수사항, 총 23개 세부 기준을 제시합니다. 이 역시 인터넷상에서 쉽게 구할 수 있습니다.

이제 콘텐츠를 보며 문제라고 생각하는 부분을 짚어봅니다. 방송 등에서 차별이 드러나는 방식은 단순히 문제 소지가 있는 차별적 표현을 사용하거나, 부적절한 행동을 하는 것에 그치지 않습니다. 출연자들의 의상, 인물 배치 구도, 카메라의 시선, 배경음악 사용 방식 등에도 차별, 편견이 나타날 수 있죠. 문제가 있다고 보이면 바로 메모를 해둡니다.

마지막으로 메모를 참고하여 보고서를 작성합니다. 보고서에

일시	방송사	프로그램명	내용	문제점
202X년 X월 X일 (08:00-08:30)	EBS	뽀롱뽀롱 뽀로로	뽀로로와 크롱, 포비 등 남성 캐릭터들이 밖에서 놀이하는 동안 여성 캐릭터인 루피는 즐겁게 친구들이 먹을 요리를 만듦.	어린이들에게 여성은 야외 활동보다 요리를 좋아한다거나, 요리는 여성의 일이라는 편견을 심어줄 수 있음
⋮	⋮	⋮	⋮	⋮
⋮	⋮	⋮	⋮	⋮

〈미디어 차별 보고서〉(예시)

는 방송 일시, 프로그램명이나 광고 제품명, 구체적인 내용, 해당 내용의 문제점을 위처럼 표 형식으로 정리하면 됩니다. 방송통신 심의위원회 홈페이지를 방문하면 모니터링 전문가인 심의위원들이 매월 방송 프로그램을 대상으로 심의해 문제점을 지적해놓은 보고서를 볼 수 있습니다. 틈날 때마다 이런 보고서를 읽어보면 무엇이 차별인지 감이 잡힐 것입니다.

차별 보고서를 잘 작성하려면 높은 인권 감수성을 유지하는 것이 중요합니다. 인권 감수성이 떨어진다면 차별적 표현을 눈앞에서 보고 들어도 무엇이 문제인지 알아채지 못합니다. 물론 인권 감수성이 하루아침에 길러지지는 않죠. 인간은 누구나 존중받을 권리가 있고, 다르다는 것이 틀린 것은 아니라는 사실을 잘 기억하시길 바랍니다. 그러면서 우리 사회의 각종 이슈에도 꾸준한 관심을 가지면 차별을 바라보는 눈은 금세 날카로워질 것입니다.

저널리즘의 힘은 크다. 세계를 설득할 수 있는 유능한 편집자는 모두

세계의 지배자가 아닐까._칼라일

에필로그

내 삶의 주인은 누구인가

조니 뎁 주연의 영화 〈트랜센덴스〉(2014)는 인공지능과 정보통신기술이 극도로 발전한 미래 사회를 그리고 있습니다. 전 세계 어디에서도 네트워크를 벗어날 수 없는 초연결 세상에서, 주인공이 편안한 안식을 느끼는 곳은 풀숲 안에 구리 철망으로 덮어 놓은 좁고 낡은 피난처뿐입니다. 구리 철망이 전파를 막아 네트워크에 연결되지 않은 그곳에서만 주인공은 온전한 해방감을 느끼죠.

저는 인터넷과 스마트폰이 없던 시절과 이것들이 대중화된 시대를 둘 다 경험했습니다. 인터넷과 스마트폰은 사람들이 정보를 얻고, 다른 이들과 소통하며, 여가를 보내는 방식을 완전히 바꿔 놓았습니다. 이것들이 가져다준 삶의 편리함과 즐거움은 이루 말할 수가 없습니다. 그러나 역설적으로 그 때문에 이제 우리는 인터넷과 스마트폰 없이는 좀처럼 시간을 보내지 못하며 일상에서 온갖 불편함을 겪는 나약한 인간으로 변해버렸습니다.

인터넷과 스마트폰이 없던 시절, 좀 더 거슬러 올라가 TV도 라디오도 전화도 없던 시절의 사람들은 어땠을까요? 발전된 미디어가 없었으니 모두 무기력하고 무미건조하게 하루하루를 보냈을까요? 그렇지 않을 것입니다. 그 시절 사람들은 나름의 삶의 방식에서 재미와 의미를 찾으며 살아갔을 것입니다.

우리는 이제 곁에 있는 미디어가 없던 옛날로 돌아갈 수 없습니다. 미디어 중독이 사회적 문제로 떠오르면서 스마트폰이나 인터넷, SNS, 게임 등을 끊는 '미디어 디톡스(detox, 해독)'에 도전하는 사람들도 많습니다. 하지만 미디어 디톡스는 과도한 사용을 줄이기 위한 일시적 단식일 뿐 영원히 이어질 수는 없습니다. 현대인이 미디어 없이 산다는 것은 사회의 한 구성원으로서 삶을 포기한다는 의미와 마찬가지이기 때문입니다. 구리 철망으로 만든 공간에서 잠깐의 안식을 취할 수는 있어도 영원히 그곳에서만 살 수는 없는 노릇입니다.

대신에 우리는 미디어를 비판적으로 수용하고, 주체적으로 사용하는 능력을 길러야 합니다. 미디어 리터러시로 잘 무장했다면 미디어가 지배하는 세상에서도 우리는 진정으로 내가 원하는 길이 무엇인지 잊지 않고 충실히 나의 길을 갈 수 있습니다.

숲에 사는 사슴이 자신을 잡으려고 사냥꾼이 놓아둔 덫의 위치와 작동 방식을 충분히 이해하고 있다면, 곳곳에 덫이 놓여 있어도 숲을 거닐 때 걸림이 없고, 오히려 덫에 놓인 먹이를 가져다 자신을 기르는 영양분으로 삼을 수 있습니다. 우리가 추구해야 할 경지도 바로 그것입니다. 미디어를 곁에 두고 살아가지만 미디어로부터 자유로운 상태!

이 책은 이 간명한 문장을 길게 늘어놓은 것에 불과합니다. 삶과 미디어가 길항하는 다양한 방식을 설명하고자 여기서는 소통-놀이-일상-진실-권리-권력-폭력 등을 키워드로 삼아 최근 많은 주목을 받는 미디어 이슈를 고루 모았습니다. 다만 넓게 다룬 책이 늘 그렇지만 깊이를 갖추지 못한 점은 이 책의 분명한 한계일 것입니다. 대신 여러분들이 허술하나마 이 책을 지도로 삼아 미디어 커뮤니케이션 분야에 관심을 키우고 깊이 있는 공부를 시작하게 된다면 그것만으로도 큰 성과라고 하겠습니다. 저역시 앞으로 더 깊이 있는 글을 쓰도록 노력하겠다는 다짐도 전합니다.

제가 평소 들고 있는 화두 중 하나는 '어떻게 사는 삶이 인간다운 삶인가'입니다. 이 책을 쓰는 동안에는 '미디어와 더불어 인간답게 산다는 것은 어떤 모습인가'라는 식으로 구체화되었죠.

미디어는 아무리 강력하다고 해도 결국 수단일 뿐입니다. 내 삶의 편리함과 즐거움을 위해 비용을 지불하고 사용하는 도구가 거꾸로 주인이 될 수는 없습니다. 미디어가 주는 모든 메시지에 항상 질문을 던지세요. 질문하지 않고 받아들이기 시작하는 순간, 미디어의 메시지가 곧 내 삶의 양식이 되어 버립니다. 그렇게 길든 뒤에 남는 것은 스스로 갈 길을 잃고 휩쓸려 다니는 무기력한 껍데기뿐입니다. 당연히 그곳에는 인간다운 삶의 흔적이란 없을 것입니다.

프랑스의 시인 폴 발레리(1874~1945)는 '인간 각자가 만물의 척도'라고 했습니다. 우리 각자가 만물의 척도가 되는 길은, 먼저 남들이 제시하는 척도에서 해방되는 것부터입니다. 미디어가 꾸며낸 환상이 아니라, 진짜 나다운 삶, 인간다운 삶이 무엇인지 여러분도 고민해보세요. 네, 충분하게 고민하려면 일단 습관적으로 집어 든 스마트폰부터 내려놓아야 합니다.